历史学者眼中的毛泽东小丛书

张海鹏 主编

毛泽东的

读 书 生 活

周溯源 等著

中国社会科学出版社

图书在版编目（CIP）数据

毛泽东的读书生活/周溯源等著.—北京：中国社会科学出版社，
2015.6（2023.9 重印）

（历史学者眼中的毛泽东小丛书/张海鹏主编）

ISBN 978 - 7 - 5161 - 5866 - 1

Ⅰ.①毛… Ⅱ.①周… Ⅲ.①毛泽东(1893～1976)—读书方法
Ⅳ.①A755

中国版本图书馆 CIP 数据核字(2015)第 064275 号

出 版 人	赵剑英
策划编辑	郭沂纹
责任编辑	郭沂纹　安　芳
责任校对	李小冰
责任印制	李寡寡

出　　版	中国社会科学出版社
社　　址	北京鼓楼西大街甲 158 号
邮　　编	100720
网　　址	http://www.csspw.cn
发 行 部	010 - 84083685
门 市 部	010 - 84029450
经　　销	新华书店及其他书店

印　　刷	北京君升印刷有限公司
装　　订	廊坊市广阳区广增装订厂
版　　次	2015 年 6 月第 1 版
印　　次	2023 年 9 月第 2 次印刷

开　　本	710×1000　1/16
印　　张	8.25
插　　页	2
字　　数	119 千字
定　　价	29.00 元

总　序

2013 年 12 月 26 日是毛泽东诞辰 120 周年。毛泽东去世也已 37 年。毛泽东作为中国近现代史上伟大的历史人物，已经进入任人评说的时候。在毛泽东的历史评价上，出现了两极分化。这种两极分化的历史评价，或多或少与他们对现实中国的认识有关，与他们对中国特色社会主义的价值体系的认识有关。这套小丛书拟定了大小适中的选题，约请历史学者，从中国近现代史研究出发，以历史学者的眼光来观察毛泽东，来评价毛泽东，希望给毛泽东这个伟大的历史人物一个符合历史的评价。这些历史学者基于历史事实的分析，希望给大众特别是青年读者以正确的引导。敬请读者不吝赐教。

毛泽东是中国近现代史上最伟大的、最杰出的历史人物。

20 世纪初以来，中国近代历史的第一次飞跃是由我国民主革命的先行者孙中山完成的。他举起资产阶级革命的旗帜，推翻了我国历史上最后一个封建王朝，辛亥革命开启了中国历史进步的新纪元。他的功绩是值得后人纪念的。

中国近代历史的第二次飞跃，是由毛泽东领导下的中国共产党人完成的。毛泽东不仅领导中国人民胜利地走完了新民主主义革命的全部历程，而且引领中国走上了社会主义的大道，为中国人民探索中国特色社会主义奠定了雄厚的基础。这一次的历史飞跃，比较第一次历史飞跃，历史意义更大，历史影响更加深远，是要永远彪炳史册的。

从1849年到1949年这一百年，是中国历史上最为惊天动地、惊世骇俗，变动最为剧烈的一百年。从1949年到2049年，是中华民族从衰弱走向复兴的一百年。这两个一百年，是要为今后的中国历史学家大书特书的。毛泽东正活动在这两个一百年的中间：1949年前的半个世纪，他在剧烈变动的时代中是一个叱咤风云的人，是一个引领时代前进的人，他推动了历史的前进；在1949年后的27年中华民族复兴的途程中，他还是一个呼风唤雨的人，是一个引领时代前进的人，是一个动员了中国全体人民的人，虽然在行进中有些跌跌撞撞，他毕竟在探索中国前进的路。他是一个把毕生毫无保留地献给了中国人民的人！他是一个为国家走向富强工作到最后一息的人。我们的后人将会为中国的发展创下更为伟大的业绩，这是毫无疑问的，但是像毛泽东经历了那样剧烈的世纪变化、那样风雨兼程、那样天地开创的人，应该是前无古人，后鲜来者的！

今天，全体中国人在生活中所享受的物质条件都比他那个时代好，但是我们不要忘记，我们都在享受着他的劳绩带给我们的丰泽雨润。

1981年6月，中共十一届六中全会通过了《关于建国以来党的若干历史问题的决议》，对毛泽东的历史地位和他对中国历史的独特贡献作出了科学的评价和总结。中国共产党的领导人邓小平、江泽民、胡锦涛、习近平等都对毛泽东的历史贡献作出了肯定的评价。这些肯定的评价反映了中国绝大多数人民的想法，是尊重历史事实的，是得到人民拥护的。

毛泽东不是圣人，不是神仙，他的一生当然也犯过错误，尤其是他的晚年，所犯错误尤其严重。平心而论，这些错误，不只是毛泽东个人的错误，是那一代人的共同错误，是时代的局限造成的。当然，毛泽东应该承担更多的责任。早日建成社会主义，早日过渡到共产主义，那一代中国人哪一个不是欢欣鼓舞呢？我是那个时代的过来人，是有切身体会的。虽然物质生活匮乏，可精神生活是昂扬的，对早日到达共产主义是有追求，是有向往的。但是这种急性病，距离社会现实太远，是不能实现的。这种急性病，带有列宁所批评的共产主义运动中"左派"幼稚病的某些迹象。社会的发展，社会主义的发展，有自己的规律，不能想当然去超越。通过后来的历史发展，我认识到了，体会到了。在一定意义上说，犯这种错误是难免的。这不是为毛泽东的错误开脱。中国共产党人摸索新民主主义革命的规律，从建党到中华人民共和国成立，花了28年。这28年就是一个历史的代价。从中华人民共和国成立到1976年"文化大革命"结束，毛泽东去世到十一届三中全会，也是28年，这也是一个历史的代价，这以后才可能召开中共十一届三中全会，才可能形成对建设中国特色社会主义的新认识。

历史人物难以避免时代的局限，这是任何时代的人不能回避的。毛泽东的过人之处就在于，他自己认识到这一点。

毛泽东说过我们不是圣人，难免犯错误。他在1956年总结苏联的教训时说："共产主义运动，从马克思、恩格斯发表《共产党宣言》算起，至今只有一百年多一点的历史。无产阶级专政的历史，从俄国十月革命算起，还不到四十年。实现共产主义，是空前伟大而又空前艰巨的事业。不艰巨就不能说伟大，因为很艰巨才很伟大。在这艰巨斗争的过程中，不犯错误是不可能的，因为我们走的是前无古人的道路。我历来是'难免论'。斯大林犯错误，是题中应有之义。赫鲁晓夫同样也要犯错误。苏联要犯错误，我们也要犯错误。问题在于共产党能够通过批评和自我批评克服自己的错误。"1957年他在省市自治区党委书记会议上讲话说："我们搞革命和建设，总难免要犯一些错误，这是历史经验证明了的。《再论无产阶级专政的历史经验》那篇文章，就是个大难免论。我们的同志谁愿意犯错误？错误都是后头才认识到的，开头都自以为是百分之百的马克思主义。当然，我们不要因为错误难免就觉得犯一点也不要紧。但是，还要承认工作中不犯错误确实是不可能的。问题是要犯得少一些，犯得小一些。"这里说的犯错误，既包括了因历史时代的局限可能犯的错误，也包括因认识不足和经验缺乏所犯的错误，还包括因个人原因犯的错误。重要的是，中国共产党能够通过自己的努力来克服错误。中国共产党已经总结了自己的历史，包括毛泽东领导国家时期的历史，克服了以往的错误，中国的事业又重新大踏步前进了。

毛泽东一生革命，一家人中出现了六位烈士。中华人民共和国成立以后，为了保家卫国，他像千千万万普通父母一样，把自己的儿子送到朝鲜战火的前线。他的儿子毛岸英未能幸免于美国军机的炸弹。毛泽东一生清廉，勤勉从公，没有为子女和亲属留下财产和权力。中华五千年文明史里，从古代的皇帝到民国时期的总统，哪一个能与他相比呢？哪一个能像他那样大公无私呢？毛泽东对国家的忠诚和贡献是无与伦比的。

毛泽东是中国近现代历史上最重要的伟大人物，是值得今天的中国人怀念的！无论他的成就或者失误，都将成为我们今后前进的借鉴和财富。

小丛书的写作，立足于历史事实，有史实根据，不收道听途说之论。文字通俗，力求深入浅出。基本观点，贯穿党的历史问题决议，遵守党的十八大精神。书中引语，都有根据，不妄加解释。

小丛书每本十几万字。共列出九本。下面是九本书及其作者。

《毛泽东的学风文风》周溯源、颜兵等（中国社会科学院）

《毛泽东的读书生活》周溯源、刘宇等（中国社会科学院）

《毛泽东与青年》郝幸艳（中国社会科学院）

《毛泽东与人民》龚云（中国社会科学院）

《毛泽东的民族精神》刘书林（清华大学）

《毛泽东与反腐倡廉》王传利（清华大学）

《毛泽东对中国社会主义道路的探索》仝华等（北京大学）

《毛泽东与新中国政治制度的建立》高中华（中共中央党校）

《雄才伟略毛泽东》张海鹏、高中华（中国社会科学院、中共中央党校）

张海鹏

2013 年 10 月 1 日

目　　录

（三）读报

前　言

在 20 世纪波澜壮阔的人类史诗中，毛泽东留下了浓重的印记，堪称伟大的马克思主义者，无产阶级革命家、战略家和理论家。历史记住了他的伟大，同样记住了他的平凡。他曾是一个书生，做过图书管理员，想做一个好的教员，终日以书为伴，探求学问。在民族解放的历史洪流中，他最终成为大国民众的领袖。在毛泽东的身上，自我的选择与历史的给予，是矛盾的吗？领袖是伟大的，书生是平凡的。伟人也要从平凡起步，他是伟大的，但他也始终保有书生的平凡本色。

回顾毛泽东的读书历程，并不单单是一个学习充实的过程，若从进入私塾算作他读书的起点，到他逝世时停止读书，前后有七十多年的时间。这七十多年间，屈指算来，有五个时间段是毛泽东读书生活的重点时期，分别是私塾读书时期、长沙就读学习时期、北京担任图书管理员期间、延安时期和探索中国社会主义道路时期。不论他处在哪个人生阶段，在党内职务有何变化，是处在艰苦紧张的战争环境，还是新中国成立后对社会主义建设的探索中，他对读书始终保持强烈的欲望，只要有空就读，看书几乎占据了他工作之外的所有时间，不知疲倦，甚至达到废寝忘食的地步。

毛泽东在延安时，曾针对一些干部说"工作忙、没有时间读书"，提出读书学习要做到两个字，一个是"挤"，一个是"钻"。挤，就是挤时间；钻，就是读书要钻研。有人将毛泽东的读书特点归纳为"四多"，即"读得多，想得多，学得多，问得多"。还应加上一个"写得多"。毛泽东素来有不动笔墨不读书的习惯，他在读书过程中喜欢作批注、圈画、标记，有时同一处有多种印记，对同一本书也会留下多次阅读后的不同心得，反映了他对书的内容的重视与思考。

毛泽东读书广收博览，总体来看，对他影响比较大的书有四类：第一类是传统的文史典籍；第二类是近代以来的西方著作；第三类是新文化运动后，国内学者传播新思潮方面的书；第四类是马克思主义书籍。

毛泽东提倡"图书馆式"阅读，也提倡"研究式"阅读。他的读书，带有很强的目的性，而且在不同时期，读书重点不同。早年毛泽东读书是为了"修学储能"，要寻求"大本大源"，找寻实现民族独立解放的"主义"。延安时期，他喜读哲学著作，新中国成立后喜读历史与经济学著作。说明他读书始终是带着问题来读的。

毛泽东以活到老、学到老的态度读书，同时，他也坚信，尽信"书"，则不如无"书"。他不主张读死书，而是主张要联系实际，独立思考，绝不迷信书本。既要读有字之书，更要读无字之书，将读书与致用结合起来。在努力读书钻研的同时，还要开展广泛的调查研究，积累实践经验，妥善处理好读书与实践、知与行的关系，不断提高素质和能力。

作为党和人民的领袖，毛泽东不仅将读书作为一种兴趣与习惯，还将读书融合到领导艺术中。他时常根据现实问题或政策的需要，向广大干部荐书和讲书。他所开列的书单极具针对性，他讲起书来，不仅讲书的内容，还讲内容背后的道理与精神内涵，既是授人以鱼，也是授人以渔，这种领导方式和工作方法对提高干部的素质具有重要的作用。

今天，我们重新回顾毛泽东的读书生涯，向他学习读书的方法，是将毛泽东作为一个读书的楷模，向他学习，促进个人成长，推动建设学习型政党、学习型社会。

2013 年 3 月 1 日，习近平总书记在中央党校建校 80 周年庆祝大会暨 2013 年春季学期开学典礼上的讲话中，向广大党员领导干部提出读书学习的要求，他指出："经济、政治、历史、文化、社会、科技、军事、外交等方面的知识，领导干部要结合工作需要来学习，不断提高自己的知识化、专业化水平。要坚持干什么学什么、缺什么补什么，有针对性地学习掌握做好领导工作、履行岗位职责所必备的各种知识，努力使自己真正成为行家里手、内行领导。各种文史知识，中国优秀传统文化，领导干部也要学习，以学益智，以学修身。"[①]

针对读书问题，习近平曾提出三个观点，一是领导干部要爱读书，二是领导干部要读好书，三是领导干部要善读书。读书之重要，不仅在于知识的获得，还在于素质的提升，关键在于能将书本知识运用到现实问题的解决中，少一分空谈误国，多一分实干兴邦。真正养成爱读书、读好书、善读书的习惯，那些追求享乐、玩物丧志、热衷应酬、忙于事务、浅尝辄止、不求甚解的不良风气便会得到有效遏制；切实具备了读书致用的能力，则学而不思、知行不一的缺点便会得到根本改正；牢固树立求知以服务国家和人民的信仰，则"为什么人"的问题便会得到正确的解决，为"中国梦"的实现便打下牢固的根基。因此，读书，不仅有益于个人，而且有益于全党，有益于国家和社会。

今年正值毛泽东同志诞辰 120 周年，我们阅读他读书的故事，汲取他读书的经验，继承他好学致用的精神，也是对他的一种敬仰和纪念。

作者

2013 年 9 月

---

① 习近平：《在中央党校建校 80 周年庆祝大会暨 2013 年春季学期开学典礼上的讲话》，人民出版社 2013 年版，第 8—9 页。

一

服膺马列·树立革命信仰

回首中华民族波澜壮阔的历史画卷，20世纪初的中国人民饱受帝国主义、封建主义和官僚资本主义的重压，呼唤着解放与自由，更呼唤着能带领中国人民推翻三座大山的卓越领袖。历史选择了毛泽东，他在认识并坚定选择了马克思主义后，孜孜不倦毕生学习并与中国的具体国情相结合发展马克思主义，带领中国人民经过艰苦卓绝的斗争，实现了国家独立和民族解放，开创了中国历史的新纪元，建立了社会主义。正如邓小平所评价的那样："毛主席最伟大的功绩是把马列主义的原理同中国革命的实际结合起来，指出了中国夺取革命胜利的道路。"[①] 毛泽东传奇卓越的一生与他信马列、读马列，联系实际深入思考研究马列、运用马列、发展马列，坚持以马列主义理论为科学指导分不开。

（一）一生的选择
——坚定马克思主义信仰

毛泽东在接触马列主义之前，崇拜康有为、梁启超，极赞赏他们

---

① 《邓小平文选》第2卷，人民出版社1983年版，第345页。

的维新变法思想，晚年他谈到梁启超时说，当年"受到梁启超办的《新民丛报》的影响，觉得改良派也不错，想向资本主义找出路，走西方富国强兵的路子"①。早年他甚至还用子任做过笔名（梁启超号任公）。

五四运动期间，毛泽东认识到自己积极策动和参与的湖南驱逐张敬尧运动和自治运动，并没有从根本上触动封建军阀的社会基础，遂放弃政治改良，另辟救国之路。1919 年底至 1920 年 7 月，毛泽东参加了李大钊、邓中夏等创办的"少年中国学会"，在李大钊和陈独秀的积极影响和帮助下，利用北京大学图书馆精心研读了不少马克思主义书籍和大量苏俄报刊，经过对各种思想流派和革命学说的探讨、比较、鉴别和判断，认定马克思主义是唯一能够救中国的革命真理，"很快地发展，走到马克思主义的大路上"。从此矢志不渝、坚定一生信仰马克思主义。

关于这一点，1936 年，埃德加·斯诺记录了毛泽东的回忆："1920 年冬天，我第一次在政治上把工人们组织起来了，在这项工作中我开始受到马克思主义理论和俄国革命历史的影响和指引。我第二次到北京期间，读了许多关于俄国情况的书。我热心地搜寻那时候能找到的为数不多的用中文写的共产主义书籍。有三本书籍特别深刻地铭记在我的心中，建立起我的马克思主义信仰。我一旦接受了马克思主义是对历史的正确解释以后，我对马克思主义的信仰就没有动摇过。"②"这三本书是陈望道译的《共产党宣言》，这是用中文出版的第一本马克思主义的书；考茨基著的《阶级斗争》，以及柯卡普著的《社会主义史》，到了 1920 年夏天，我已经在理论上和在某种程度的行动上，成了马克思主义者，而且从此我也自认为是一个马克思主义者了。"③

---

① 刘斐：《难忘的教诲》，见《毛泽东同志八十五诞辰纪念文选》，人民出版社 1979 年版，第 245 页。

② ［美］埃德加·斯诺：《西行漫记》，生活·读书·新知三联书店 1979 年版，第 131 页。

③ 马连儒、柏裕江编：《毛泽东自述》，人民出版社 1996 年版，第 45 页。

关于这三本引导毛泽东走向革命道路，并最终成为无产阶级革命导师的伟大著作，我们作一个详细介绍。

《共产党宣言》是1848年马克思、恩格斯为共产主义者同盟起草的纲领，是共产主义的第一个纲领性文献，它完整、系统而又严密地阐述了马克思主义的主要思想。列宁评价说："这部著作以天才的透彻而鲜明的语言描述了新的世界观，即把社会生活领域也包括在内的彻底的唯物主义、作为最全面最深刻的发展学说辩证法、以及关于阶级斗争和关于共产主义新社会创造者无产阶级肩负的世界历史性革命使命的理论。"① "到目前为止一切社会的历史都是阶级斗争的历史"，成了毛泽东终身服膺的指导思想。书中的精辟论断，他几乎全能背下来。在他即将辞世时，身边还放着一本1963年印制的大字线装本《共产党宣言》和两本战争年代出版的字很小的、本子很旧的《共产党宣言》。"《共产党宣言》陪伴毛泽东56年，毛泽东读《共产党宣言》也读了56年，《共产党宣言》是毛主席非常珍视、非常爱读，是生前读的遍数最多的一本马列著作。"②

考茨基的《阶级斗争》原书名是《〈爱尔福特纲领〉解说》，恽代英翻译后定名为《阶级斗争》。考茨基早年是一个重要的马克思主义者，且深受列宁推崇。在《唯物主义和经验批判主义》一书中，列宁把考茨基同马克思、恩格斯、拉法格、梅林并称为"社会主义的权威人士"。在《社会民主党在民主革命中的两种策略》（即《两个策略》）一文中，列宁在反驳司徒卢威的时候，强调自己同考茨基并无意见分歧。1891年考茨基起草的《爱尔福特纲领》在共产党史上很有分量。列宁在《给农村贫民》这部著作中，阐述《火星报》和《曙光》杂志共同提出的俄国社会民主工党纲领的时候，就向读者推荐这部著作为参考书。这本经恽代英翻译的书，对青年毛泽东起了启蒙作用，尤其是他的阶级斗争思想。"我才知道人类自有史以来就有阶级斗争，阶级斗争是社会发展的原动力，初步地得到认识问题的方法论。

① 《列宁全集》第26卷，人民出版社1988年版，第50页。

② 徐中远：《毛泽东晚年读书纪实》，中央文献出版社2012年版，第9页。

可是这些书上，并没有中国的湖南、湖北，也没有中国的蒋介石和陈独秀。我只取了它四个字：'阶级斗争'，老老实实地来开始研究实际的阶级斗争。"①

英国人柯卡普的《社会主义史》，叙述了社会主义的主要历史，并对社会主义运动作一概括和批评。英国人辟司于1913年基于费边社和工党的观点对此书进行删订，并增补了原书出版后20年间社会主义运动发展的史实。李季据辟司增补本译为中文，于1920年10月出版。他们主张渐进的社会主义，不主张革命。雷同今天英国工党的主张。原著对马克思和马克思主义作了较客观的介绍；关于剩余价值与历史唯物主义，以及《共产党宣言》中的阶级斗争和无产阶级革命，都有较为详细的说明。但增补的几章对马克思主义进行了粗暴攻击，竭力反对阶级斗争学说，称马克思主义为"社会主义中一种最危险的和最可怕的新派"，将给社会带来"一种极大革命的灾祸"。书中所提"社会主义是活泼的，是能够随时变化的"见解值得思考。《社会主义史》是在我国传播社会主义系统知识的第一本书，虽然其中有许多错误观点，但在传播社会主义知识、开阔人们眼界方面，仍不失为一本启蒙性的读物。毛泽东也是从这本书中了解了社会主义运动的历史及种种社会主义流派。

《共产党宣言》以及《阶级斗争》《社会主义史》引导毛泽东认识并坚定马克思主义信仰。尽管有研究者发现毛泽东阅读这三本著作的时间及版本与记忆存在一定出入，但并不影响这些书对毛泽东革命思想的影响。自此，毛泽东一生坚持不懈阅读和研究马克思、恩格斯、列宁、斯大林的著作。他读了很多马列基本著作和重要文章，有的不知读过多少遍。在马列著作中，毛泽东尤其喜欢读列宁的著作。读得最多，下的功夫也最大。大革命时期，马列著作翻译到中国来的还很少。列宁著作翻译的比马恩著作要多，列宁著作中有直接论述殖民地半殖民地国家进行民主革命和由民主革命向社会主义革命转变的理论，对中国革命更具直接的指导性；另外，列宁的作品比较生动活泼，好

① 《毛泽东文集》第2卷，人民出版社1993年版，第379页。

读。1958 年 4 月 6 日毛泽东在武汉会议上说："列宁说理透彻，把心交给人，讲真话，不吞吞吐吐，即使同敌人斗争也是如此。" 1965 年 4 月 21 日他还同中共中央中南局负责人谈过：投入革命洪流以后，他是先学列宁的著作，后读马克思、恩格斯的书。

在列宁的著作中，《两个策略》《"左派"幼稚病》（即《共产主义运动中的"左派"幼稚病》）、《国家与革命》《帝国主义是资本主义的最高阶段》《哲学笔记》等他读得最多。1926 年毛泽东已直接或间接地从别人的引述那里，读过列宁的《国家与革命》部分内容，第一个中文全译本（柯柏年译），最早刊登在 1927 年 1 月 15 日出版的《岭东民国日报》，毛泽东在后来出版的该书封面上亲笔书写"毛泽东一九四六年"几个字，扉页注明"1946 年四月廿二日在延安起读"。"阶级社会与国家"一章，几乎每句话旁边都画着杠杠，讲暴力革命的地方杠杠特别引人注目。例如，革命才能消灭资产阶级国家这一句，暴力革命是"马克思恩格斯全部学说的基础"这一段，杠杠画得最粗，圈圈画得最多，"革命""消灭""全部学说的基础"这些词和同组的旁边画了两条粗杠。当时国民党正积极准备发动全面内战，国内革命战争不可避免，消灭反动派，已是决定民族前途命运的头等大事。正是在这样的历史背景下，为了革命的需要，毛泽东拼命读列宁著作，希望从这些重要著作中汲取理论力量，指导中国革命沿着正确方向前进。

据延安时期给毛泽东管理图书的史敬棠回忆，毛泽东在延安常读的《两个策略》《"左派"幼稚病》这两本书，是经过万里长征从中央苏区带来的。毛泽东在这两本书中写了一些批语，用几种不同颜色的笔画的圈、点和杠杠，写有某年某月"初读"，某年某月"二读"，某年某月"三读"的字样，说明这两本书至少已读过三遍。

1948 年 4 月，在人民解放战争即将转入战略反攻的重要时刻，毛泽东又重读了《"左派"幼稚病》的第二章"布尔什维克成功的基本条件之一"，并在书的封面上写了一个批语："请同志们看此书的第二章，使同志们懂得，必须消灭现在我们工作中的某些严重的无纪律状态或无政府状态"。这两本已丢失的书，毛泽东读过很多遍，还推荐给别的同志读。据彭德怀回忆，1933 年，"接到毛主席寄给我的一本《两个策略》，上面用铅笔写着（大意）：此书要在大革命时读着，就不会犯错误。在这以后不久，他又寄给一本《'左派'幼稚病》（这两本书都是打漳州中学时得到的），他又在书上面写着：你看了以前送的那一本书，叫做知其一而不知其二；你看了《'左派'幼稚病》才会知道'左'与右同样有危害性。前一本我在当时还不易看懂，后一本比较易看懂些。这两本书，一直带到陕北吴起镇，我随主席先去甘泉十五军团处，某同志清文件时把它烧了，我当时真痛惜不已"①。

从彭德怀的这段叙述中可以看出毛泽东为什么特别重视列宁的这两部著作，反复学习研究，并用来教育中国共产党人。他结合中国革命的实践经验，从理论上认识到大革命失败的原因，就主观方面说，是陈独秀犯了放弃无产阶级对民主革命领导权的右倾投降主义错误；同时认识了王明"左"倾路线对革命的严重危害性，"左"倾同右倾一样都危害革命事业。他用前一本书反对党内的右倾机会主义，用后一本书反对党内"左"倾机会主义。

解放战争时期，为了革命的需要，毛泽东反复选读《国家与革命》和《"左派"幼稚病》，从中汲取理论力量，使解放战争沿着正确方向乘胜前进。1963 年，毛泽东提出要读几本、十几本、几十本马列的书。要有计划地进行，在几年内读完十几本马列的书。毛泽东是这样要求领导干部的，实际上他自己一直是这样做的。直到耄耋之年，毛泽东还多次潜心研读《"左派"幼稚病》这本著作。

逄先知记录了毛泽东读书的一个细节："一九五九年十月二十三日毛泽东外出前指名要带走的书籍。这是从当时我的登记本里照录下来的，读者可以从中窥见毛泽东博览群书情况之一斑。"这日出行，毛泽东一共带了 20 多本马列著作，至少占总带书籍的三分之一。②毛泽东对于马列著作的重视程度由此得见。

① 《彭德怀自述》，人民出版社 1981 年版，第 183 页。

② 龚育之、逄先知、石仲泉：《毛泽东的读书生活》，生活·读书·新知三联出版社 1986 年版，第 17 页。

（二）读马列
——探寻科学的理论与实践方法

在领导中国人民走向胜利的革命战争中，毛泽东始终坚持读书，尤其是抓住一切机会认真阅读能够引导中国人民走上解放道路的马列主义著作。

土地革命战争时期，国民党政府封锁革命根据地，马列著作更不容易找到。1932 年 4 月，毛泽东率领红军打下当时福建的第二大城市漳州，进驻省立第三中学，没收了一批军事、政治、科学的书，用车运回中央苏区，送到总政治部，其中有一些马列著作。根据彭德怀和吴黎平的回忆，其中有恩格斯的《反杜林论》、列宁的《两个策略》《"左派"幼稚病》、马克思的《资本论》等。1957 年，毛泽东还对曾志回忆起："一九三二年（秋）开始，我没有工作，就从漳州以及其他地方搜集来的书籍中，把有关马恩列斯的书通通找了出来，不全不够的就向一些同志借。我就埋头读马列著作，差不多整天看，读了这本，又看那本，有时还交替着看，扎扎实实下功夫，硬是读了两年书。"①

井冈山时期，我党面临生死存亡的严峻考验，老一辈无产阶级革命家率领中国工农红军创建了井冈山革命根据地，开辟了"以农村包围城市，武装夺取政权"的具有中国特色的革命道路，毛泽东虽身处逆境，但一天也没有放弃读书，除了列宁的《两个策略》《"左派"幼稚病》、斯大林的《论列宁主义基础》、德波林的《西方哲学史》等著作就是在这个时期读完的，为以后的革命工作打下了坚实的理论基础。

在异常艰苦的长征途中，毛泽东患病躺在担架上还坚持读马列的书。1964 年 3 月，他对一个外国代表团说，他"是在马背上学的马列

---

① 中共中央文献研究室编：《毛泽东传（1893—1949）》，中央文献出版社 2004 年版，第 334 页。

主义"。当年在长征路上同毛泽东一起行军的张闻天同志的夫人刘英目睹了毛泽东读马列著作的感人情景:"毛主席在长征路上读马列书很起劲。看书的时候,别人不能打扰他,他不说话,专心阅读,还不停地在书上打杠杠。有时通宵地读。红军到了毛儿盖,没有东西吃,肚子饿,但他读马列书仍不间断,有《两个策略》《'左派'幼稚病》《国家与革命》等。有一次,主席对我说:'刘英,实在饿,炒点麦粒吃吧!'毛主席就一边躺着看书,一边从口袋里抓麦粒吃。"(李锐:《毛泽东的读书生活》)根据这段生动的回忆,我们对毛泽东刻苦学习马列著作的精神有了更贴近的了解,也更加感佩不已!据吴黎平回忆,毛泽东在长征途中读完了全面阐述马克思主义的三个组成部分的《反杜林论》。该书第二篇第十章"批判史论述"即为马克思撰写。《反杜林论》是毛泽东非常喜爱的一部哲学经典。毛泽东通常很少大段引用别人的著作,在《矛盾论》中,他大段引用了《反杜林论》中第一编第十二节的"辩证法·量与质",可见他对《反杜林论》的熟悉、喜爱和重视。

中央红军长征到达陕北以后,特别是抗日战争爆发以后,延安有了相对安定的环境,读书条件显著改善,读书时间相对增多。毛泽东读了更多、更广的书籍。1935年1月的遵义会议是我党历史上一个生死攸关的转折点,在实际上确立了毛泽东同志在全党的领导地位,但"左"倾教条主义、主观主义的思想路线没有从根本上得到肃清。随着抗战爆发,要正确处理好中国和日本、共产党和国民党这个"两国三方"异常复杂的政治、军事关系,只有深刻批判"左"倾教条主义、主观主义,对过去的革命经验进行总结,并对广大干部和党员进行马克思主义教育,才能开辟革命事业崭新局面,夺取全民族抗战的胜利。使命感驱使毛泽东多读书,用马列主义理论来武装自己。在中央苏区时,临时中央"左"倾领导以"马列主义理论家"自诩,宣称"山沟里出不了马列主义",批评毛泽东的正确主张是"狭隘的经验论""富农路线""右倾机会主义"等。在遵义会议上"左"倾错误领导的拥护者还讥讽他打仗并不高明,只会按照《三国演义》和《孙子兵法》去打,不懂得马列主义的战略战术。这段经历也逼着他"到延安就发愤读书"。

他通过各种渠道特别是请周恩来从重庆购买各类书籍。把当时能找到的马列著作都读完了，如《资本论》《社会主义从空想到科学的发展》《帝国主义是资本主义的最高阶段》《哲学笔记》节译本、苏联出的《列宁选集》中文版多卷本、《论列宁主义基础》《论列宁主义的几个问题》《马克思恩格斯列宁斯大林论艺术》《辩证唯物论与历史唯物论》《关于辩证法的笔记》《论一元论历史观之发展》《辩证法唯物论教程》（第三版）等，有的还反复读了两三遍。

此时是他在哲学领域里劳作最勤、收获最丰的时期，读的书很多，也写了很多著作。在写作《实践论》《矛盾论》和整个《辩证法唯物论（讲授提纲）》的前后，他在读过的许多哲学书上留下了大量的批注。

在毛泽东读过的马列著作中，很多地方圈点细密，杠画不断，圈旁有圈，杠外加杠，字上叠字（毛泽东的批语和符号，是用铅笔和毛笔写的，铅笔字上叠写毛笔字）。这些符号往往也反映出他在读书当中的某种意图和倾向，对于理解他的思想很有帮助。特别是问号，直接显示了他对某个观点的怀疑、反对、深思或不解。延安时期，毛泽东认真研读了苏联学者西洛可夫等人合著的《辩证法唯物论教程》，用四种不同颜色的笔作了批注。根据材料记载，毛泽东所作批注一般有两种，一种是文字批语，既有对文章的一些评论，也有生发的思考，最长一条批语有 1200 多字。另一种是各种读书符号。一般的有：△、○、──、×、√、斜线、方框、竖的波浪线、单杠线、双杠线甚至三杠线，还有顿点和问号及叹号一类的符号。毛泽东批在书上的问号非常之多，有的一页多达四五个。有些问号已被他用短斜线画去，这表示他后来已理解或肯定了书上的说法。批语中有的是对原文内容的复述、归纳、概括和发挥，但较多的是联系中国革命实际所写的心得体会。从这些批语和符号可见，毛泽东是多么认真仔细、逐字逐句多次阅读了这些书，学习和研究马克思主义哲学是何等刻苦精勤！

对一些经典的和重要的书，毛泽东力求做到反复读、认真读、仔细读，重要的马列著作、马克思主义哲学和党史类以及文学类的著作，他更是反复研读。如《联共（布）党史简明教程》、李达的《社会学大纲》，他都读了十遍以上。毛泽东曾对人说，他在写《新民主主义论》的时候，读了十几遍《共产党宣言》，到晚年，他还找来中文版和英文版的《共产党宣言》对照读，在一本英文版的《共产党宣言》里还留有他的批注。列宁的《国家与革命》是他经常阅读的。《资本论》很难读，毛泽东在四个时间对《资本论》作了批画，虽然不能说明一定是全读，但可以说起码在四个时间段里他读过《资本论》。每次外出，他除了自己要带很多书，还要借当地的书来看。身边的人都知道，因读书忘记睡觉和吃饭对毛泽东来说是常有的事，尤其晚年，他仍以惊人的毅力克服各种困难拼命读书，实在让人感动。

1958 年 9 月以后毛泽东仔细对《共产党宣言》中有关建立公有制方面的论述进行阅读，在很多地方作了圈点批画。一方面说明他读书非常认真、用心，另一方面也说明他很想从书中找到解决中国社会主义建设中遇到的实际问题的答案。他当时已经把《共产党宣言》与中国社会主义建设中遇到的实际问题紧密地联系起来了。认真反复、有重点地读，密切联系中国实际、为解决中国革命和建设中的实际问题而读，这是毛泽东读马列著作的特点和根本方法。

毛泽东通过不断地探索，充分认识到马列主义对于中国革命重要的指导意义，他指出：“我们的同志必须明白，我们学马克思列宁主义不是为着好看，也不是因为它有什么神秘，只是因为它是领导无产阶级革命事业走向胜利的科学。”[①] 他反复多次要求全党，特别是党的高级干部，要尊重马列，坚信马列，但不要迷信马列，要发展马列主义，创造出自己的新理论。他在批判汲取马列经典和前人研究成果的基础上，联系中国实际，不断总结，“从陈独秀的右倾机会主义到王明的‘左’倾机会主义给中国革命造成的血的教训中，寻求中国革命

① 《毛泽东选集》第 3 卷，人民出版社 1991 年版，第 820 页。

的正确道路"①，把对中国革命的思考上升到哲学的高度，写出《实践论》《矛盾论》这两篇划时代的哲学著作。在他的著作中，既有历史的厚度，理论的高度，又有哲理思想的深度，把史论有机地结合起来，产生一种立体感，毛泽东对马克思主义思想的中国化作出了他独特的贡献。

（三）读马列
——指导中国革命与建设

以毛泽东为首的中国共产党人进行了艰苦卓绝的斗争，他们积极向世界上取得胜利的国家学习成功经验，并积极寻找能够指导中国革命取得胜利的思想，尤其是向马列主义取经。

马克思主义属于西方文化，但不是一般意义上的西方资产阶级文化，而是世界上最先进的无产阶级文化。毛泽东在《论人民民主专政》中说："自从一八四〇年鸦片战争失败那时起，先进的中国人，经过千辛万苦，向西方国家寻找真理。"② 那时，只要是西方的新学说，求进步的中国人就看就学。十月革命以后，中国人找到了马克思主义。毛泽东把马列著作作为观察国家命运的科学宇宙观，为了解决中国的实际问题，从中找立场、找观点、找方法，把它作为救国救民、治党治国的经典。

毛泽东读马列著作，注重理论和中国革命问题密切结合，在实践中应用马列主义理论："对于马克思主义的理论，要能够精通它、应用它，精通的目的全在于应用。"③ 在《〈共产党人〉发刊词》中，毛泽东将其概括为"马克思列宁主义的理论和中国革命的实践相结合"这一重要的科学命题。延安整风的时候，毛泽东又以"箭"与

---

① 陶鲁笳：《毛主席教我们当省委书记》，《党史文汇》1996 年第 2 期，第 9 页。

② 《毛泽东选集》第 4 卷，人民出版社 1991 年版，第 1469 页。

③ 《毛泽东选集》第 3 卷，人民出版社 1991 年版，第 815 页。

"靶"的关系生动地比喻马列主义理论与中国革命实际的关系问题。他灵活运用马列主义结出的硕果便是他领导中国人民胜利走出的两条中国特色道路：农村包围城市、武装夺取政权的民主革命道路，以及社会主义改造道路。在具体运用马列主义的过程中，毛泽东注重调查研究、理论联系实际、实事求是，更有自己的独创，为马克思主义在中国的正确应用提供了坚实的理论基础和科学方法。

新中国成立后，随着党的工作重心的转移，毛泽东的读书重点也随之转移到经济学著作上来。马列方面的经济学著作有：《哥达纲领批判》《政治经济学批判》《经济学大纲》《资本论》《帝国主义是资本主义的最高阶段》《列宁有关政治经济学论文十三篇》《马恩列斯论共产主义社会》《苏联社会主义经济问题》《俄国资本主义的发展》等，他读得最多、下功夫最多的是《苏联社会主义经济问题》和苏联《政治经济学教科书》社会主义部分这两部著作。

《苏联社会主义经济问题》一书是斯大林对苏联三十多年社会主义建设经验的总结。毛泽东读《苏联社会主义经济问题》一书下了很多功夫。1953年此书中文第一版一出，毛泽东便很快读了一遍，并在封面上用铅笔画了个大大的圈，表示他已经读过一遍。1957年，本书又出了第二版，毛泽东又多次阅读，边读边批画。他批注、批画过的有四种版本，书上留下了不同颜色的批注文字和批画符号。比如，书中"关于社会主义制度下经济法则的性质问题"一节引起了毛泽东的重视，他在"经济法则的性质"下用铅笔画了三条着重线，对这一章的内容，三本书中都密密麻麻地画着着重线和圈，在重要的段落下画着两个圈、三个圈，有的天头上还画着三个圈，并批注："这是完全的重要的一章。"书中还有许多的批注和批画，反映了当时毛泽东对社会主义社会发展商品生产的一些基本观点，在一定程度上澄清了我国社会主义建设过程中出现的一些混乱认识。

1958年"大跃进"，陈伯达、张春桥等人提出取消商品生产，甚至废除货币，为了从理论上解决这个重大问题，教育干部，毛泽东下功夫研究了斯大林的《苏联社会主义经济问题》。他说："现在秀才（指陈伯达）要造反了，你们知道不知道？今天我给大家开课，讲

《苏联社会主义经济问题》。"他在"关于社会主义制度下的商品生产问题"一章中画满了直线、双直线、圈、双圈、三个圈、三角等他特有的标记，着重在"商品生产"下画着双直线。他写信给中央、省市自治区、地、县四级党委委员，建议读斯大林的《苏联社会主义经济问题》和《马恩列斯论共产主义社会》。对为什么要读这两本书，怎样读这两本书，毛泽东在信中都写得清清楚楚："每人每本用心读三遍，随读随想，加以分析，哪些是正确的（我以为这是主要的）；哪些说得不正确，或者不大正确，或者模糊影响，作者对于所要说的问题，在某些点上，自己并不甚清楚。""要联系中国社会主义经济革命和经济建设去读这两本书，使自己获得一个清醒的头脑，以利指导我们伟大的经济工作。"① 1958 年 11 月初，他给参加第一次郑州会议的同志每人发了这两本书，并结合我国的具体实践，领着与会同志逐章逐段地分析了斯大林的这本书，否定了陈伯达等人的错误观点。

1961 年，毛泽东在中央工作会议结束时又建议大家再读斯大林的《苏联社会主义经济问题》。他说自己"最近又看了三遍"。从 1953 年中文版出版以来，特别是从 1958 年以来，他多次强调，号召大家读这本书。这次他说"又看了三遍"，他看过的版本至少有四种，在多种会上还与大家一起读，一起讨论。这本书，毛泽东不知读了多少遍！

毛泽东对《苏联社会主义经济问题》的批注和评论，紧密结合中国当时的实际情况，着重阐述了社会主义条件下发展商品生产的必然性。对该书中斯大林概括的列宁关于社会主义革命道路的五条，毛泽东在批语中指出："列宁是要以全力发展商品，问题还是一个农民问题，必须谨慎小心。"在斯大林批评那种认为商品生产在任何条件下都要引导到资本主义观点的地方，毛泽东写道："不要怕资本主义，因为不会再有资本主义。"在斯大林讲商品生产的活动范围只限于个人消费品的地方，毛泽东则写道："限于个人消费品吗？不，在我国，农业和手工业生产工具也是商品。是否会导致资本主义呢？

---

① 《毛泽东书信选集》，人民出版社 1983 年版，第 552 页。

不。"① 这些批注反映了当时毛泽东对社会主义社会发展商品生产的一些基本观点，并且从中国的实际情况出发，突破了斯大林的某些论点。毛泽东为解决我国社会主义建设中的问题而研究马克思主义，读斯大林的《苏联社会主义经济问题》是一个典型例子。毛泽东并没有全盘肯定斯大林这本书，然而他抓住其中科学的、对我国有用的理论观点，在一定程度上澄清了我国社会主义建设进程中出现的一些认识混乱问题。他在读这本书时阐述的一些好观点，至今还有理论价值和现实意义。

毛泽东不仅是全党学马列、用马列的带头人，而且还用马克思主义理论武装全党，教育全国人民。党的一大以后，毛泽东全身心地投入到工人运动中，曾多次去过工人聚集地安源路矿，用通俗易懂的语言，向工人宣传社会主义思想，启发他们的阶级觉悟。还向他们介绍俄国十月革命胜利的情形。1925 年，毛泽东利用养病之机回到家乡韶山，在杨开慧等同志的协助下，共开办了 20 多所农民夜校，向农民进行马克思主义的启蒙教育，启发了农民的阶级觉悟。1929 年 11 月在给中共中央的信中他指出："惟党员理论常识太低，须赶急进行教育。"党中央到达陕北以后，先后恢复和创办了中央党校、红军大学、中国人民抗日军政大学（简称"抗大"）、陕北公学、鲁迅艺术学院、马列学院等，所有这些学校，虽然各不相同，但马列主义理论却是学员们的共同必修课。在这期间，毛泽东发表了《中国革命战争的战略问题》《实践论》《矛盾论》《论持久战》等马克思主义著作。1938 年10 月，他在党的六届六中全会上，第一次向全党发出开展马克思主义理论"学习竞赛"的伟大号召。六届六中全会后，毛泽东和党中央采取了一系列有效措施：成立中央干部教育部，成立旨在学习马克思主义理论的中央研究组和高级研究组，毛泽东任中央研究组组长。1939年 2—3 月公布《延安在职干部教育暂行计划》，1940 年 1 月中央发出《关于干部学习的指示》，8 月中央宣传部又发出了《关于提高延安在职干部教育质量的决定》。毛泽东亲自主持编辑三套历史文献：《六大

---

① 《建国以来毛泽东文稿》第 7 册，中央文献出版社 1998 年版，第 672 页。

以来——党内秘密文件》《六大以前——党的历史材料》《两条路线》。同时，他还和中央其他领导人经常到抗大、中央党校、陕北公学等学校去讲课，宣传马克思列宁主义。毛泽东后来回忆："那时，我可讲得多，三天一小讲，五天一大讲。"毛泽东关于整风运动三个报告和《在延安文艺座谈会上的讲话》，都是在这个时期问世的。在延安整风中，为了清理王明"左"倾路线的影响，他亲自规定高级干部都要学习《"左派"幼稚病》和其他几本马克思主义的哲学和经济学著作。他提议整风之后，组织人力大量翻译马恩列斯著作。当时他说："我们党内要有相当多的干部，每人读一二十本、三四十本马恩列斯的书，我们有这样丰富的经验，有这样长的斗争历史，如果读通了这些马恩列斯的著作，我们党就武装起来了，我们党的水平就大大提高了。"1942 年毛泽东在中共西北局高级干部会议上，讲解斯大林的《论党的布尔什维克化的十二条》。在此，他要求高级干部从《共产党宣言》到《季米特洛夫文选》中，选读马列著作。1945 年党的七大期间，毛泽东提出全党要读《共产党宣言》《两种策略》《"左派"幼稚病》《社会主义从空想到科学的发展》《联共（布）党史简明教程》五本马列著作；党的七届二中全会上列出的"干部必读"十二本马列著作，在一个比较长的时期内，一直是干部学习马列主义的基本教材，从思想上武装了一代中国共产党人。1958 年 11 月，毛泽东要求中央、省市自治区、地、县四级干部认真读斯大林的《苏联社会主义经济问题》和《马恩列斯论共产主义社会》两本书，总结我国自己的实践经验，提出适合我国国情的、经济建设不同于苏联的方针和政策；1963年毛泽东又重新提出高级干部读三十本马列著作；"文化大革命"中，毛泽东即便在犯严重错误的时候，他仍然教导全党"要认真看书学习，弄通马克思主义"。

毛泽东锲而不舍地抓全党特别是高级干部学习马克思主义理论，耗费了他大量的心血，成效非常显著，极大地提高了全党的马列主义水平，保证了我国革命和建设的顺利进行。读马列、讲政治、做思想政治工作成为我们党的一大优势，使我们党在国内外各种政治风浪中始终立于不败之地。

二

问道哲学·探求世界本源

　　哲学在毛泽东叱咤风云的一生中具有非常重要的地位，既开阔了他的视界，又锻炼了他不寻常的思维方式，为他南征北战定谋略、绘宏图奠定了基础。

　　读哲学是毛泽东一生的兴趣。他在哲学这个领域花了很多功夫，读了很多哲学著作，马列著作是重中之重，从《共产党宣言》开始，马克思主义是他毕生的追求与信仰，我们在第一章已经作了说明，另外，还有西方哲学家斯宾诺莎、康德、黑格尔等，以及我国古代哲学家、现代哲学家的一些著作。他学贯中西，自幼年始学习"四书""五经"、诸子百家，至青年接触并开始研究西方哲学，从中获得了诸多教益。

　　早在1917年，他便强调"非普及哲学不可"[①] "必先研究哲学、伦理学""从哲学、伦理学入手，改造哲学，改造伦理学，根本上变换全国之思想……则沛乎不可御矣"[②]（《致黎锦熙信》1917年8月23日）。毛泽东青年时期致力研究的哲学，根据他的理解便是指对宇宙、

---

　　① 中共中央文献研究室、中共湖南省委《毛泽东早期文稿》编辑组编：《毛泽东早期文稿》（1912.6—1920.11），湖南出版社1990年版，第87页。

　　② 同上书，第86页。

人生的总观点总看法，是"天道"（哲学）也是"人道"（伦理学）。这种哲学世界观从根本上支配了他一生的行为、事业以及思想、观念和理论。

（一）读中国传统哲学

1893 年 12 月 26 日毛泽东诞生于湖南湘潭韶山冲一个交通不便、风气闭塞的小山村里，毛泽东的父亲虽只略通文墨，但精明能干，善于经营，是能在乡间有资格发行小额钱票的"小财东"，基于一次失败的诉讼，想让儿子读点书帮他打赢官司。毛泽东8 岁进私塾，读了《三字经》《幼学琼林》等启蒙书，断断续续 6 年间，"四书""五经"以及《左传》之类的儒家经书已能背诵如流。考入曾是南宋著名理学家张栻讲学的城南书院、中国最好的教学机构之一的湖南第一师范学校，他受到了更为浓烈的传统文化熏染，也对儒家的经世致用思想更加推崇。他好学深思，一本当时所写的笔记《讲堂录》非常能反映当时毛泽东对于中国传统文化的热爱和用心研读。

这本笔记全部用"兰亭体"行楷字书写，共 1 万余字。除有 11 页是全文抄录《离骚》《九歌》，其余主要是学习国文和修身课程的心得体会及课堂记录。涉及先秦哲学、楚辞、汉赋、汉书、唐宋古文、宋明理学以及明末清初的思想……毛泽东在他的笔记《讲堂录》中抄录了孟子的话："夫天未欲平治天下也，如欲平治天下，当今之世，舍我其谁也？"这些准则贯穿了毛泽东一生的政治生涯。

尽管许多年后，毛泽东对罗伯特·佩恩说："我从八岁起就讨厌孔夫子"[①]，对自己学过的"四书""五经"加以贬低。但实际上，儒家思想已融入他的思想体系中，单《毛泽东选集》中便有 424 处涉及儒家，许多孔孟之言运用得极为恰切，彰显了他学以致用的非凡能力。

---

① ［美］哈里森·索尔兹伯里：《长征——前所未闻的故事》，解放军出版社1994 年版，第 84 页。

后来在政治谋略、军事方面的"古为今用"，显然是幼年时代记忆的助推。

毛泽东汲取中国哲学丰富的民族主义和社会主义的思想成分，以及丰富的唯物主义成分和辩证法成分，同时对其反动的、糟粕的加以扬弃，萃拾精血为治国建策之用。1939年2月20日，他致信张闻天说孔子是观念论者，但他重视人的主观能动性，所以能引起人的注意和拥护，又说：孔子学说"有它的辩证法的许多因素"。他后来还说过："孔门充满矛盾论"①。1953年，他批判梁漱溟的"反动"思想，以孔子为说辞，说孔夫子不民主，没有自我批评精神，"吾自得子路而恶声不入于耳"，"三盈三虚"，"三月而诛少正卯"，很有些恶霸作风，法西斯气味。② 这些批评非常贴近实际，既幽默风趣，又有说服力，还能起到教育作用。毛泽东还用熟知的故事给人们讲解有深刻教义的道理。在武昌会议上讲，孔子、耶稣、释迦牟尼学问很高但没有博士头衔，并不妨碍他们行博士之实，批评那些戴着高帽子吓唬人的人。这样的例子数不胜数，论述严肃的大问题，引经据典，用一些生动有趣、诙谐简洁的语言讲述得深入浅出，让人既能学到经典故事，又能明白不少道理。

在毛泽东生命的最后十年里，报纸上常常刊登他在自己的书房里接待贵宾的照片，可以看到他的书房从上到下都堆满了中国线装古书。

美国作家索尔兹伯里说："湖南第一师范是毛（泽东）哲学思想成熟的温床，他在这所学校度过了五年半的光阴，对毛（泽东）影响最大的一个人就是伦理学教授杨昌济。"③ 杨昌济传统文化底蕴深厚，他在教授伦理学时，经常用孔子、孟子、周敦颐、程颢、程颐、朱熹、陆九渊、王守仁以及王夫之学说来教育学生。毛泽东深受其熏

---

① 孙宝义、刘春增、邹桂兰等编著：《毛泽东谈读书学习》，中央文献出版社2008年版，第391页。

② 名词词语简释编写组：《〈毛泽东选集〉第五卷名词词语简释》，辽宁人民出版社1979年版，第63—64页。

③ ［美］哈里森·索尔兹伯里：《长征新记》，新华社参考材料编辑室译编1986年版，第67页。

陶，他常与蔡和森、张昆弟等讨论宋明理学，仔细研读朱熹的《近思录》《四书集注》《朱子语类》等，对朱熹、王守仁倍加佩服。根据《讲堂录》的记录，可以看出毛泽东对于这些中国传统哲学家的了解，从其所发的议论引申中，看得出他绝不是泛泛阅读，而是做了比较深入的思考和研究。

杨昌济一生研读最多的是王夫之、曾国藩、谭嗣同等人的著作，在老师的影响下，毛泽东对王夫之这位五百年来"真通天下之故者"颇为欣赏，明清鼎革之际，抗清复明大业始终是王夫之追求的真道正义。他以民族兴亡超越君子小人区别，是高于一切的"古今之通义"。以保身而坚守真道，"抱刘越石之孤愤""希张横渠之正学"。积极寻找救国之真理的青年毛泽东认真阅读王夫之著作，他在《讲堂录》里把君臣之义视为"一时之正义"，把民心向背、人民和民族的利益视为"万世之通义"，与王夫之的爱国与救国之说一脉相承。他经常去船山学社听课，并能批判继承吸收传统文化的优秀遗产。

曾国藩一生崇敬宋明理学，以儒家道统的继承者自居，备受杨昌济推崇，这对毛泽东的影响也非常大。他细读了《曾文正家书》《曾文正公日记》。《讲堂录》中有记曾国藩的语录："不说大话，不骛虚名，不行架空之事，不谈过高之理。"他评价曾国藩说："有办事之人，有传教之人。……宋韩范并称，清曾左并称，然韩左办事之人也，范曾办事而兼传教之人也。"办事，即建立事功；传教，即建立和传播思想学说。毛泽东认为，宋朝范仲淹高过韩琦，清代曾国藩高过左宗棠；范和曾是"办事而兼传教之人"。曾国藩编纂的《经史百家杂钞》，毛泽东评价甚高，他在 1915 年 9 月 6 日致萧子升的信中说："今欲通国学，亦早通其常识耳。首贵择书，其书必能孕群籍而抱万有。干振则枝披，将麾则卒舞。如是之书，曾氏《杂钞》其庶几焉。是书上自隆古，下迄清代，尽抢四部精要。""国学者，统道与文也。姚氏《类纂》畸于文，曾书则二者兼之，所以可贵也。"姚鼐是清代桐城派大文章家，以义理、词章、考据为线索编成《古文辞类纂》，所录以古文辞为限而不及经史，目的是便于阅者研习古文。而《杂钞》在取材方面，经史子集四部，无不选择收录，以为辞章源自经史，在编辑思想上，除了姚鼐提出的义理、辞章、考据三者之外，还增加了经济（经世济民），而前三者都以经济为依归。阅者不仅可以研习辞章，而且可以接触到历代治乱兴衰、典章文物、学术思想以及经世济民之道与术。毛泽东所说：姚氏《类纂》偏重于文，曾书则道与文章二者兼之。可说是简明扼要地指出了两部选本的差异和长短。他认为，《经史百家杂钞》"孕群籍而抱万有"，是研习国学的入门书。他在信中向朋友介绍了自己研读此书的方法：从选本中的一篇而及全书，自一史而及于他史等，也就可以获得比较完全的国学常识了。毛泽东敬服曾国藩，以至于后来他在给黎锦熙的信中提到曾国藩、康有为、孙中山、袁世凯等几个近代风云人物时说："愚于近人，独服曾文正。"

毛泽东既注重发掘儒家学说中的合理因素，同时也用马克思主义唯物史观关于意识形态的理论和阶级分析方法对儒学进行了比较深入的分析，独立思考，并形成自己的思想内质。比如，他说："君子谋道不谋食（按：见《论语·卫灵公》），系对孳孳为利者而言，非谓凡士人均不贵谋夫食也。志不在温饱（按：宋代王曾的名言：'曾平生之志不在温饱'），对立志而言，若言作用，则王道之极亦只衣帛食粟不饥不寒而已，安见温饱之不可以谋也。"① 毛泽东的这些议论显然如列宁在《哲学笔记·费尔巴哈〈宗教本质讲演录〉一书摘要》中所说费尔巴哈提出的道德不是别的，只是一切人的利己主义的论点，可以算是"历史唯物主义的胚芽"。

可以说，中国哲学思想深深地扎根在他的心里，体现在他后来发展的复杂的个人哲学体系之中。正如他自己所说的，他是"古为今用"。

基于研读的需要，更是为了了解宗教以实现民族大团结，毛泽东对作为中国传统哲学的一个重要组成部分的宗教经典给予了极大关注。据毛泽东的图书管理员逄先知回忆，毛泽东相当重视佛教经典的学习

---

① 中共中央文献研究室、中共湖南省委《毛泽东早期文稿》编辑组编：《毛泽东早期文稿》（1912.6—1920.11），湖南出版社1990年版，第597页。

和研究。佛教的一些重要经典如《金刚经》《华严经》《六祖坛经》等，以及研究这些经典的著述，毛泽东都读过一些。据逄先知提供的书目单，1959年10月23日毛泽东外出前指名要带的佛经有《六祖坛经》《般若波罗蜜多心经》《法华经》《大涅盘经》等。他对禅宗的学说，特别是第六世唐朝高僧慧能的思想更注意一些。禅宗不立文字，通俗明快，它的兴起，使佛教在中国民间广为传播。毛泽东比较喜爱慧能弟子编纂的《六祖坛经》，读过很多次，有时外出还带着。毛泽东多次对秘书林克讲禅宗六祖的故事，赞颂慧能的"佛学革命"精神。当时毛泽东还脱口背出慧能的偈语："菩提本无树，明镜亦非台，本来无一物，何处惹尘埃。"这个精神，毛泽东说是和自己的性格相通的，认为比神秀还高。他说："慧能的一首偈，指出世间本无任何事物，故无尘埃可沾，佛的本性是清静的，怎么会沾上尘埃呢？慧能的偈与佛教大乘一切皆空最契合，比神秀高。"①

毛泽东肯定地指出："几千年来，佛教在哲学、建筑、美术、音乐上取得的成就是不可忽视的，这是全人类也是中华民族文明和灿烂文化的重要部分。"他在讲话中常常引用佛教经典，比如，1957年毛泽东用《五灯会元》的"隔靴搔痒"概括其中一类需要批评的文艺，"隔靴搔痒，空空泛泛，得不到帮助，写了等于不写"。著作中也有很多佛教典故，如"同床异梦""无事不登三宝殿""一厢情愿""放下屠刀立地成佛""回头是岸""一知半解"等。学术刊物上发表的讲禅宗哲学思想的文章，毛泽东几乎都会看。基督教的《圣经》，他也读过。毛泽东阅读宗教经典，既作为哲学问题来研究，也当作群众问题来看待。他说："我赞成有些共产主义者研究各种教的经典，研究佛教、伊斯兰教、耶稣教等等的经典。因为这是个群众问题，群众有那样多人信教，我们要做群众工作，我们却不懂得宗教，只红不专。"1964年，毛泽东在北戴河的一次谈话中谈到任继愈和佛学，"用历史唯物主义观点写的文章也很少，例如任继愈发表的几篇谈佛学的文章，已如凤毛麟角，谈耶稣教、回教的没有见过。不批判神学就不

---

① 李京波编著：《毛泽东与国学》，西苑出版社2011年版，第170页。

能写好哲学史，也不能写好文学史或世界史"①。

对于宗教哲学的研究，毛泽东迫切希望能有更多的人投身其中，也希望能有更多的建树。

（二）读西方古典哲学和现代哲学

马克思主义在毛泽东思想形成中的重要性十分显著，中国传统哲学潜移默化的浸染亦不得否认，但西方哲学人文思想的影响也不应忽视。毛泽东在他20岁左右，一个"容易接受的年龄"——人生最重要的学习阶段，基于开阔视野探求新知的目的，学习了西方哲学。

马克思主义是近现代西方最先进、最科学的学说，它来源于西方思想，涉及大量西方的文化、哲学、经济、政治、历史等。毛泽东能真正理解马克思主义是立足于他深厚的西方文化、哲学、历史等多方面的修养。如果说中国传统哲学文化融于他的血肉中，马克思主义内化在他的思想中，那么西方各种资产阶级思想则是催化剂，它以隐匿的、深层的形式发挥着作用。毛泽东是一个阅读广泛、知识渊博的人，他极善于从各种书籍哪怕是从一般书籍中汲取营养，除了对马克思、列宁、鲁迅这样极个别的人给予全面肯定以外，毛泽东很少对某个思想家或某本著作作全盘肯定或全盘否定。区别在于，或正面接受，或"批判地接受"。

西方哲学人文思想长期影响毛泽东的行为，毛泽东晚年还说："社会把我们这些人推上政治舞台。以前谁想到搞马克思主义？听都没有听说过。听过还看过的是孔夫子、拿破仑、华盛顿、彼得大帝、明治维新、意大利三杰，就是资本主义那一套。"② 正是这些西方资产阶级哲人和西方历史引导毛泽东走出中国传统，影响他、引导他面对

① 《加强宗教问题的研究》1963年12月30日，《毛泽东文集》第8卷，人民出版社1999年版，第353页。

② ［美］迪克·威尔逊：《历史巨人毛泽东》，中央文献出版社1993年版，第493页。

西方，奠定了他后来接受马克思主义的基础。

　　20世纪初，西学在中国得到广泛传播，报刊大量介绍西学，各种西学译著纷纷涌现。戊戌维新运动伊始，梁启超、严复等人以办报刊、译书作为启蒙手段，从严复开始，近代中国知识分子对西学知识予以非常多的关注，开始有了系统的介绍西方社会科学思想，西学论著在中国得到广泛传播，近代西学知识得到普及并呈代际传承态势。这种大量引进西学的风气，使得中国人拥有巨大的思想资源。另外，作为一个知识储备的特别机构，近代图书馆代替了私人性质的藏书楼，其勃兴，为青年毛泽东接受丰富的西学知识提供了吸纳这些资源的条件。

　　18岁之前，毛泽东主要学习传统文化特别是传统的儒家文化诸如"四书""五经"之类，也接触到一些有关西学的东西。在东山小学堂，他读了梁启超的《新民丛报》，同时也"学了一些外国历史和地理"。

　　18岁到长沙之后，毛泽东第一次踏进湖南图书馆，一幅世界地图使他感到自己的渺小，在内心深处打破了他接受传统教育的那种潜在的自大心理，意识到救亡图存的迫切性。毛泽东"订了一个自修计划，每天到湖南省立图书馆去看书"。坚持按自修计划系统地读书，如饥似渴地充实自己。提到这一时期读书的感受，他说："在这个时候，我的思想是自由主义、民主改良主义、空想社会主义等观念的大杂烩。"① 从他的回忆中我们可以看到，他读的大部分是严译最新的介绍西方学术思想的名著，卢梭的作品以及西方各国历史地理、文学作品等。严复翻译的《原富》《法意》《群己权界论》《群学肄言》等这些18、19世纪欧洲社会学说方面的名著虽然比较马克思主义在西欧先进国家影响甚微，但在中国还是相当新鲜的事物，《论语》《孟子》直到《御批通鉴辑览》都没有这样的思想，毛泽东从这些书中受到了一次比较系统的启蒙教育。毛泽东读过《群学肄言》之后，给好友萧子升写信介绍这本书："为学之道在是矣！"严复不同于康梁以儒家经典

---

① ［美］埃德加·斯诺：《西行漫记》，生活·读书·新知三联书店1979年版，第125页。

的新闻发来对抗"恪守祖训"的封建顽固派,他系统介绍西方学术名著,使国人了解了更多不同于中国的东西,认识到民族自强应该寻找更先进的制度,严复的一些论断,如"世道必进,后胜于今",中国人要救亡图存,只有"早日变计","力今以胜古",给了青年毛泽东很大的影响,后来在《论人民民主专政》一文中,严复和洪秀全、康有为、孙中山被并列于"代表了在中国共产党出世以前向西方寻找真理的一派人物"。

在湖南第一师范学校期间,毛泽东对杨昌济教授"修身课"课程用的《伦理学原理》(德国泡尔生著,蔡元培译)一书用工整的蝇头小楷作了12100余字的批语。从他对全书逐字逐句所加的圈点、单杠、双杠、三角、叉等符号来看,毛泽东在读这本书的过程中付出了极大的功夫。后来当这本书"物归原主"时,他还说:"只因那时我们学的都是唯心论一派的学说,一旦接触一点唯物论的东西,就觉得很新颖,很有道理,越读越觉得有趣味。它使我对于批判读过的书,分析所接触的问题,得到了启发和帮助。"① 从这本书上的批注我们能看到毛泽东专注于思考的哲学问题,以及他探究世界本源,建构自己的世界观、人生观的探求。泡尔生是19世纪康德派唯心论哲学家,致力于伦理学调和动机论与功利论的研究。毛泽东的批语,除了少部分是对原书一些章节的提要以及"此语甚精""此不然"类表示赞同与否的短句外,绝大部分是他抒发自己对伦理观、人生观、历史观和宇宙观的各种见解,以及对原书的批判或引申,其中许多地方联系到古今中外诸家的哲学思想,以及五四运动前夜的国事与思潮,处处显示着追求真理和改革国家与社会的精神。

延安时,毛泽东阅读了不少中外哲学和哲学史著作,如中国古代的诸子百家,古希腊的哲学家,斯宾诺莎、康德、黑格尔、费尔巴哈和苏联哲学家西洛可夫、米丁等,以及国内李达、艾思奇等人的哲学著作。令人惋惜的是,经过战乱,他读过的这些书有一部分已经散佚,

① 中共中央文献研究室、中共湖南省委《毛泽东早期文稿》编辑组编:《毛泽东早期文稿》,湖南出版社1990年版,第276页。

不可复得了，我们只能借助于他的一些回忆来洞悉毛泽东对于西方哲学的探求研读状况。

"毛泽东更多的涉猎西方哲学书籍，当是在延安时期和建国后。在1965年8月5日接见外宾的谈话中，毛泽东说他读过古希腊名家苏格拉底、柏拉图、亚里士多德的著作。他还说，德国哲学家、唯物主义者费尔巴哈，第一个看透神是人的思想意识的反映。他的书必须看。当然，黑格尔的书也必须看。列宁说，不读资产阶级唯物主义的书，不能成为共产主义者。也应该读唯心主义的书。我是相信过康德的。不读唯心主义的书、形而上学的书，就不懂得唯物主义和辩证法。这是我的经验，也是列宁的经验，也是马克思的经验。"① 毛泽东1941年写的《驳第三次"左"倾路线》第四部分"实践—认识—再实践—再认识"的思想，正是在深入研读《关于费尔巴哈的提纲》之后，基于对"问题在于改变世界"的批评提出的。

古希腊哲学和以康德、黑格尔、费尔巴哈为代表的德国古典哲学是西方哲学发展史上的两座高峰。1964年2月9日同外宾的谈话中，毛泽东对这两个时期的哲学有过具体评述：古代希腊的辩证法是在当时的辩论中发展起来的，古代希腊的唯物主义和辩证法是在同敌人的斗争中发展起来的，苏格拉底注重伦理学，他不是唯物主义者，也不是辩证法的理论家，但是他注意研究伦理学和宪法，同敌人作斗争。柏拉图是彻底的唯心主义者，他写了一本书叫《理想国》，他发展了唯心主义，后来的亚里士多德批评了他的唯心主义，亚里士多德是一位大学者，比前两人的水平高，他对于自然科学的许多方面有研究，批评了柏拉图的唯心主义，创立了形式逻辑。欧洲在中世纪时，对亚里士多德是很崇拜的，在比较近代的德国，康德的老师就是亚里士多德。康德也是一位了不起的人，天文学中的星云学是他创立的。此人还搞了12个范畴，这12个范畴都是对立的统一，但他不能解释这些问题，他说事物的本质是不可知的，他是一个不可知论者。黑格尔的

---

① 陈晋主编：《毛泽东读书笔记解析》，广东人民出版社1996年版，第694—695页。

先生就是康德。黑格尔是唯心主义者，他大大地发展了唯心主义的辩证法，即客观的辩证，他是马克思、恩格斯的先生，也是列宁的先生，也是我们的先生。对于马克思和恩格斯来说，没有康德、黑格尔和费尔巴哈的德国古典哲学，就不会有马克思主义的哲学；没有英国的古典经济学，就不会有马克思主义的政治经济学；没有法国的空想社会主义，就不会有马克思主义的科学社会主义。[①]

毛泽东悉心钻研古希腊哲学，德、英、法的古典哲学能够做到"批判的接受"，"洋为中用"，"吸取其精华，剔出其糟粕"，善于从中汲取营养，为己所用，对于毛泽东思想的形成，西方哲学以其隐匿的深层的形式发挥着重要的影响作用。

（三）读中国现代哲学

近代中国哲学往往与中国的社会运动、政治运动密切联系，与近代报刊相联系。

中国先进的知识分子以"师夷长技以制夷"来面对西方文化科技军事等方面的冲击，如清末改良主义者郑观应"主以中学，辅以西学"，在中国发展资本主义的政治和经济。他的《盛世危言》一书是康有为、梁启超以前，鼓吹维新改革最有影响力的著作，也非常的契合毛泽东思考中国前途，寻找救国真理的要求，也是毛泽东接触到的第一本讨论社会政治问题的著作，他非常喜欢这本书，甚至很多年后还能向斯诺讲述这本书。

戊戌维新变法是一次争取君主立宪的资产阶级改良运动，康有为等人在佛学和西学的激荡下，全面重新评估儒学。先后著有《康子内外篇》《实理公法》《新学伪经考》《孔子改制考》等一批著作，向权威挑战，对中国传统儒学和伦理制度提出强烈的批评。被梁启超称为"思想界之一大飓风"的"儒学革命"，在晚清思想解放运动中产生了

---

① 陈晋主编：《毛泽东读书笔记解析》，广东人民出版社 1996 年版，第 695 页。

极为深远的影响。

1910 年秋，毛泽东到"不那么注重经书，西方'新学'教得比较多"的东山小学堂读书。在这里他的古文深受教员的好评，他写的一些好文章在校内传诵一时，一直到几十年后，人们还记得《言志》《救亡图存篇》《宋襄公论》等，被誉为学校的"一名建国材"，但他"无心读古文"，十分崇拜康有为和梁启超，他热心读两本讲康有为变法运动的书，梁启超的《新民丛报》"读了又读，直到可以背出来"。虽然此时康梁早已经成为历史，光芒已经黯淡。但是梁启超对封建主义的批判，对西方资产阶级社会政治学说的介绍依然给毛泽东无比的新鲜感，尤其是十分神往梁启超的文章"条理清晰，笔锋常带感情，对于读者别有一种魔力"。他甚至有意模仿这种笔调，也写一些这种文体的政论。

1912 年春，毛泽东以第一名的成绩考取省立第一中学，在饶有兴味地读了一本从国文老师处借来的《御批通鉴辑览》后，决定自修学习，他的一篇《商鞅徙木立信论》被保存下来，既能见出他深厚的古文功底，又能读出他受康梁文章的影响，他当年的思想境界和文字能力亦让人赞叹不已。

求学期间，毛泽东受到乡贤曾国藩、谭嗣同的影响，以及活跃在清末民初思想界的学者如梁启超、严复、陈独秀、胡适、李大钊、杨昌济等人的影响。

陈独秀在毛泽东走上革命道路上所发挥的重要作用不可抹杀，毛泽东也说："那个时候有《新青年》杂志，是陈独秀主编的。被这个杂志和五四运动警醒起来的人，后头有一部分进了共产党。这些人受陈独秀和他周围一群人的影响很大，可以说是由他们集合起来，这才成立了党。"[①] 青年毛泽东是被《新青年》警醒起来的人之一。1936 年，毛泽东与斯诺谈道："那时我在国立北京大学。他（指陈独秀——

---

① 《"七大"工作方针》，载《人民日报》1981 年 7 月 16 日第 1 版。

笔者注）对我的影响也许超过其他任何人。"① 当辛亥革命的胜利果实被葬送以后，封建复古思潮卷土重来，中国革命处在危急关头。在思想领域广泛发动和开展一场深刻的革命，成为时代的迫切要求。适应这一要求，陈独秀创办了《新青年》，点燃了新文化运动之火，这成为他在五四时期革命活动的重要闪光点，《新青年》号召广大青年用民主和科学的良药来救治中国政治上、道德上、学术上、思想上的一切黑暗，敢于同尊孔复古的反动思潮勇敢斗争，风靡全国，所到之处无不激起思想革命的火花。正在长沙师范读书的毛泽东，在杨昌济的推荐下，也读到了《新青年》，并很快成为《新青年》的热心读者。有很长一段时间，青年毛泽东看书，看《新青年》；谈话，谈《新青年》；思考，也思考《新青年》上所提出的问题。1917 年 4 月 1 日，《新青年》三卷二号登出了毛泽东以"二十八画生"署名的论文《体育之研究》，这令毛泽东无比欣喜，也无形中加深了青年毛泽东对《新青年》及其创办者陈独秀的敬佩与向往之情。青年毛泽东曾在1917 年说："前之谭嗣同，今之陈独秀，其人者魄力雄大，诚非今日俗说所可比拟。"② 青年毛泽东对陈独秀的战斗精神和人格力量已十分推崇，甚至一时成了他的楷模。1918 年 9 月，毛泽东在北京大学第一次见到陈独秀，开始了最初的革命交往。在陈独秀的帮助下，毛泽东努力钻研十月革命的经验，认真学习马克思主义理论，并深入工厂和工人中进行调查研究，使自己的思想迅速地向马克思主义方向转变。正如他自己所说："我在李大钊手下在国立北京大学当图书馆助理员的时候，就迅速地朝着马克思主义的方向发展。陈独秀对于我在这方面的兴趣也是很有帮助的。"③ 在第二次到北京不到半年的逗留时间里，青年毛泽东对陈独秀的这些革命活动可谓耳濡目染，又在一些介绍苏俄情况和马克思主义书籍的启发下，迅速接受了马克思主义，确

---

① ［美］埃德加·斯诺：《西行漫记》，生活·读书·新知三联书店 1979 年版，第 130 页。

② 朱洪：《陈独秀与中国名人》，中央编译出版社 1997 年版，第 2 页。

③ ［美］埃德加·斯诺：《西行漫记》，生活·读书·新知三联书店 1979 年版，第 132 页。

立了对马克思主义的信仰。第二次上海之行及与陈独秀的一番谈话，使他牢牢地树立起对马克思主义的信仰，"我第二次到上海去的时候，曾经和陈独秀讨论我读过的马克思主义书籍。陈独秀谈他自己的信仰的那些话，在我一生中可能是关键性的这个时期，对我产生了深刻的印象"。"我一旦接受了马克思主义是对历史的正确解释以后，我对马克思主义的信仰就没有动摇过。"① 至此，青年毛泽东的人生信仰确立起来。由以上分析可以看出，青年毛泽东对人生目标与信仰进行迅速定位，从激进的民主主义者根本转变为马克思主义者，陈独秀无疑起了导向作用。

对于一些马克思主义者的著作，比如李达的《社会学大纲》、艾思奇的《思想方法论》《哲学选辑》，毛泽东皆用心研读。

1937 年，毛泽东读了艾思奇的《哲学与生活》一书后，作了约3000 字的辑录。从辑录可看出，他并非原文摘引艾思奇的观点，而是在文字叙述上有变化，内容上有增改。在给艾思奇的信中毛泽东指出，"你的《哲学与生活》是你的著作中更深刻的书，我读了得益很多"②。对艾文中"差别不是矛盾"的观点，他客气地以"略有疑点"表示不同看法，写信给艾思奇，准备登门面商。艾思奇当时年仅 27 岁，毛泽东作为一个全党领袖，如此认真阅读一个青年同志的理论著作，充分表现出他谦逊好学的精神。

在《毛泽东书信选集》里还发表了毛泽东给张闻天、陈伯达的三封信，都是评论陈伯达关于中国哲学史的论文的。其中论孔子哲学思想的一篇，毛泽东在 1939 年 2 月 1 日到 22 日前后很短的时间内看了三遍。这三封信共有 4000 多字，谈了不少对中国哲学史和哲学原理上的一些问题的看法。信中谈的中庸问题，两条战线斗争问题，质和属性的关系问题，与他在同年 5 月出版的《哲学选辑》上的批注，有密切的联系。毛泽东在延安时期的哲学批注和辑录等，是他留给我们的

---

① ［美］埃德加·斯诺：《西行漫记》，生活·读书·新知三联书店 1979 年版，第 131 页。

② 《毛泽东书信选集》，人民出版社 1983 年版，第 112 页。

一份宝贵的哲学遗产，它是毛泽东为革命发奋读书的生动的历史见证，是他在研究马克思主义哲学的道路上不断前进成长的一个记录和缩影，也是毛泽东哲学思想宝库里的一笔重要精神财富。新中国成立后，毛泽东仍然挤出时间，孜孜不倦地阅读各种哲学书籍和期刊。

在李达主编的《马克思主义哲学大纲——唯物辩证法》（1965年内部讨论稿）的第三章第一节开始，他写下了一条较长的批语，表达了他对唯物辩证法体系的看法。他指出："辩证法的核心是对立统一规律，其他范畴如质量互变、否定之否定、联系、发展等等，都可以在核心规律中予以说明……至于各种范畴（可以有十几种），都要以事物的矛盾对立统一去说明。例如什么叫本质，只能说本质是事物的主要矛盾和主要矛盾方面。如此类推。"他的以对立统一规律指导说明其他规律和范畴的思想，在延安时期的读书批注中已有突出的表现，这里把他的这个思想明确上升到理论原则的高度提出来了。在这本书谈两种发展观根本对立问题的旁边，他批注："不必抄斯大林。"联系到延安时期他在博古译的斯大林著的《辩证唯物论与历史唯物论》上的批注少，疑问多，标出原文的要点多，自己的说明发挥几乎没有等情况来看，他对斯大林的这个哲学体系评价不是很高。

对现代哲学家的著作，如冯友兰、梁漱溟、金岳霖、贺麟、任继愈等，毛泽东也都会认真阅读并表达自己的意见。

1968年，毛泽东在一次中央全会上提到冯友兰和翦伯赞说："北京大学有一个冯友兰，是讲唯心主义哲学的，我们只懂唯物论，不懂得唯心主义，如果想要知道一点唯心主义，还得去找他。翦伯赞是讲帝王将相的，我们要想知道一点帝王将相的事，也得去找他。这些人都是有用的，对于知识分子，要尊重他们的人格。"[①]

毛泽东在读任继愈主编的《中国哲学史》（第三册）时非常注意该书对于华严宗思想的分析。该书认为华严宗承认个别与一般有内在联系，有一点辩证法；但又唯心主义地夸大、吹胀了个别与一般的联系，把这种联系绝对化，抹杀个别的存在。毛泽东在这段话旁边批注：

---

① 冯友兰：《三松堂自序》，人民出版社1998年版，第173页。

"何其正确。"

就如何实现中国现代化，与毛泽东重点发展工业的路径不同，梁漱溟认为可以通过复兴儒家文化实现中国现代化。毛泽东在延安与梁漱溟的谈话中直言："中国社会有其特殊性，有自己的文化传统，有自己的伦理道德，梁先生强调这些也并没有错。但中国社会却同样有着与西方社会共同的一面，即阶级的对立、矛盾和斗争，这是决定社会前进最本质的东西。我以为梁先生是太看重了中国社会特殊性的一面，而忽略了决定着现代社会性质的共同性即一般性的一面。"①

此外，对哲学期刊上的文章，毛泽东也时常留意。读了赵纪彬发表在《哲学研究》1965 年第 4 期上一篇有关孔子思想的文章后，他在文章题目的上方批下"孔门充满矛盾论"七个字。

毛泽东研读哲学，不故作理论上的高深，而是始终以现实的关怀、革命的视角进行批判性地学习、概括和总结，写出了《实践论》《矛盾论》《关于正确处理人民内部矛盾的问题》等一部部哲学名篇，成为杰出的马克思主义哲学家。

---

① 参见姜毅然《毛泽东与梁漱溟》，载《湘潮》2007 年第 5 期，第 5 页。

三

鉴赏文学·遨游经典宝库

众所周知，毛泽东在文学创作上有着卓越的成就，无论是诗词还是散文，抑或政论文章，其文笔流畅，语言简洁不失生动，自成风格。任傲霜曾在《毛泽东散文作品赏析》（海南出版社 1997 年版）一书的前言中评价道："……毛泽东作为一位曾全面深刻地影响过（包括他身前与身后）二十世纪中国历史进程的散文学家已成为无可争辩的事实。"殊不知，毛泽东所取得的这些成就源于他对文学著作的大量阅读和思考，他带着浓厚的兴趣，阅读四大名著，古代散文，世界文学，以及同时代名家作品，时常翻看，积淀了深厚的文学功底，形成了高水平的文学鉴赏力和评价力。

（一）读中国四大名著

中国的四大名著《三国演义》《水浒传》《西游记》《红楼梦》在我国古代文学史上占有很重要的地位。研读四大名著，是浏览中国古典文学的智能之海，也是阅历中国传统人文、社会、伦理、历史、地理、民俗、心理、处事策略的知识宝库。四大名著是毛泽东非常喜欢且熟悉的文学作品。

读《三国演义》

儿时的毛泽东就已经极为喜爱《三国演义》这部小说。1936 年，他对美国记者埃德加·斯诺谈及自己的阅读经历时说："我八岁那年开始在本地一个小学堂读书……我熟读经书，可是不喜欢它们。我爱看的是中国旧小说，特别是关于造反的故事。我很小的时候，尽管老师严加防范，还是读了《精忠传》《水浒传》《隋唐》《三国》和《西游记》。这位老先生讨厌这些禁书，说它们是坏书。我常常在学堂里读这些书，老师走过来的时候就用一本正经书遮住。大多数同学也都是这样做的。许多故事，我们几乎背得出，而且反复讨论了许多次……我认为这些书大概对我影响很大，因为是在容易接受的年龄里读的。"①

毛泽东青少年时代的同学和挚友也有类似记载，如萧瑜（子升、旭东）就曾说："毛泽东对这两本书（《三国演义》和《水浒传》）入了迷，在农忙中，一有空闲，他就去读这两本书……他天天随身把书带到田里，得空便溜到一座古坟后的一棵老树下坐下来看书，当他逐字逐句地读着好汉们的生平和壮举时，或者看到三国战争中的韬略和计谋时，时常情不自禁地心醉神迷。"毛泽东甚至还因为阅读《三国演义》等小说同他的父亲发生过激烈争执，最终父子俩达成协议：毛泽东天天先干完他父亲派的活，然后就到他那隐秘的藏身之处静静地看那些他爱不释手的英雄豪杰的故事……后来，经父亲同意，毛泽东要去湘乡县东山小学堂念书去了。走的那天早晨，天刚蒙蒙亮，胸怀大志的毛泽东就起床了……把他的那几件随身衣物打成包裹……一顶兰布蚊帐……两条很有年头，已洗得发灰的白床单子和几件旧的、褪了色的长衫。他把这些杂物卷成一捆，扎到扁担的一头，另一头系着一个篮子，里面装着他的那两本宝书：《三国演义》和《水浒传》，大步流星地上了路。②

---

① ［美］埃德加·斯诺：《西行漫记》，生活·读书·新知三联书店 1979 年版，第 106—108 页。

② 萧瑜：《我和毛泽东的一段曲折经历》，昆仑出版社 1989 年版，第 4—14 页。

1928 年，毛泽东率部在井冈山打游击。在攻打井冈山附近的茶陵县高陇圩时，他的部队进入了谭延闿的老家。谭延闿曾是清末进士，后来出任湖南省都督、湘军总司令。在谭家的藏书中，毛泽东得到了一套《三国演义》。虽说他早年多次读过《三国演义》，可眼下再读，丝毫没有厌倦，甚至有了更多的体会和思考。他说："这真是拨开云雾见青天，快乐不可言。"

毛泽东也从不轻易放过别人研究三国的成果。1959 年 4 月 23 日，毛泽东阅读当天《北京晚报》连载的吴组缃《关于〈三国演义〉》（三），在旁作批示："请秘书代为查找该文的第（一）、（二）两节，想看看。"

据毛泽东的卫士尹荆山回忆："1962 年的一天，毛泽东走出书房，在台阶上住了脚，仰天凝视，深吸一口气，忽然放开喉咙，唱出两句京戏，记得是《空城计》。卫士们一怔，随即交换眼色，无不流露欢颜。这两句京戏似乎宣告了三年困难时期的结束，我们都产生出'一唱雄鸡天下白'的感觉。"吃饭时，毛泽东仍然手不释卷，边吃边看书。"这次看的是小人书《火烧连营》，完全是放松大脑的一种独特方式。"①

毛泽东还要求干部们读《三国演义》。1942 年，他向全党发出号召："做干部工作的同志，要看《三国演义》和《水浒传》。"那时，延安和晋、冀、豫解放区等都先后出版了《三国演义》。皮定均将军读的第一本书，就是刘伯承送给他的麻纸本《三国演义》，石印，每页中间对折，空心的，一部比一块砖头还重些。这部《三国演义》跟着他，到中原突围后还捎带在身边。②

读《水浒传》

前文提到，毛泽东在同美国记者埃德加·斯诺谈论自己儿时的阅读经历时说自己爱看中国旧小说，特别是关于造反的故事。《水浒传》这本名著正是讲"造反"的故事。《水浒传》中所描写和颂扬的英雄

---

①　孙宝义：《毛泽东的读书生涯》，知识出版社 1993 年版，第 157 页。

②　董志新：《毛泽东读〈水浒传〉》，上海人民出版社 2005 年版，第 104 页。

人物，多半来自平凡的底层，包含各种职业，有打渔的、种菜的、打铁的、卖膏药的等，他们的命运和提出"替天行道，劫富济贫"的口号深深吸引了毛泽东的目光。

1938 年 5 月 3 日，毛泽东在"抗大"第三期二大队讲话时说："我们被逼上梁山，所谓官逼民反，井冈山，鄂豫皖的山，陕北的山，四川通南巴的山。"① 其中的"反"的思想就是来自《水浒传》。

新中国成立以后，毛泽东在丰泽园的书房里、卧室的书柜里一直放有几种不同版本的《水浒传》。1964 年 8 月 3 日，毛泽东写信给他的秘书林克，要求找一部金圣叹批的《水浒传》再看看。这个"再"字表明毛泽东已经看了《水浒传》多遍。到了 20 世纪 70 年代，工作人员先后给毛泽东送过 12 种不同版本的《水浒传》。它们分别是：《金圣叹批改水浒传》，中华书局上海编辑所 1934 年影印（1—24 册）；《水浒传》，顺治丁酉冬刻本（1—20 册）；《全像绘图评注水浒全传》，上海扫叶山房 1924 年版（1—12 册）；《五才子水浒传》，上海同文书局版（1—16 册）；《水浒》，人民文学出版社 1972 年版（上下册）；《明容与堂刻水浒传》，上海人民出版社 1975 年版（1—4 册）；《明容与堂刻水浒传》，中华书局上海编辑所 1966 年版（1—20 册）；《第五才子书施耐庵水浒传》，中华书局 1975 年影印（1—8 册）；《水浒传》，人民文学出版社 1975 年影印（1—100 册）；《第五才子书施耐庵水浒传》，中华书局 1975 年影印（1—32 册）；《水浒传》，人民文学出版社 1975 年版（上中下册）；《水浒全传》，上海人民出版社 1975 年版（上中下册）。

这些不同版本的《水浒传》，一直存放在毛泽东的书房里。其中中华书局上海编辑所 1966 年出版的《明容与堂刻水浒传》（线装大字本 1—20 册），毛泽东一直把它放在卧室里。足见毛泽东对它们的珍视。

1975 年 8 月 13 日，毛泽东在同北京大学中文系教师芦荻谈话时

---

① 戴知贤：《毛泽东文艺思想研究》，中国人民大学出版社 1992 年版，第 216 页。

这样评价《水浒传》："《水浒》这部书，好就好在投降。做反面教材，使人民都知道投降派。《水浒》只反贪官，不反皇帝。屏晁盖于一百零八人之外。宋江投降，搞修正主义，把晁的聚义厅改为忠义堂，让人招安了。宋江同高俅的斗争，是地主阶级内部这一派反对那一派的斗争。宋江投降了，就去打方腊。这支农民起义队伍的领袖不好，投降。李逵、吴用、阮小二、阮小五、阮小七是好的，不愿意投降。"

毛泽东还认为鲁迅评《水浒》评得好，鲁迅说："一部《水浒》，说得很分明：因为不反对天子，所以大军一到，便受招安，替国家打别的强盗——不'替天行道'的强盗去了。终于是奴才。"[1] 他还说："金圣叹把《水浒》砍掉了二十多回。砍掉了，不真实，鲁迅非常不满意金圣叹，专写了一篇评论金圣叹的文章《谈金圣叹》(《见南腔北调集》)。《水浒》百回本、百二十回本和七十一回本，三种都要出。把鲁迅的那段评语印在前面。"[2]

读《西游记》

毛泽东儿时经常在课下用废纸把《西游记》中的人物折成小纸人，孙悟空、唐僧、猪八戒等都是他折过的人物。毛岸青、邵华在《回忆爸爸勤奋读书和练习书法》一文中也说："爸爸同我们谈论过《西游记》，十分赞赏孙悟空敢作敢为，勇于同各种妖魔鬼怪作斗争的性格。"毛泽东的孙子毛新宇有这样一段描述："少年毛泽东只要拿起《西游记》，就舍不得放下，常常看得津津有味，毫无睡意。"

到了晚年，毛泽东还将各种版本的《西游记》找到一起，对照着读。在平时的工作和生活中，他也经常提到《西游记》这部小说与小说中的人物。几十年间，毛泽东在他所写的文字、报告和谈话中，甚至在诗词里，都有对《西游记》的穿插与应用。

1938年4月初，毛泽东在延安城外接见了抗日军政大学的两千多名师生并作了重要讲话。在讲话的最后，他要求大家努力学习和掌握

---

① 鲁迅：《流氓的变迁》，选自《三闲集》，人民文学出版社2000年版，第144页。

② 《建国以来毛泽东文稿》第13册，中央文献出版社1998年版，第457页。

坚定正确的政治方向，艰苦朴素的工作作风，灵活机动的战略战术，并对这三条指示作了具体的阐述，引用了《西游记》中的人物作比喻："唐僧这个人，一心一意去西天取经，遭受了九九八十一难，百折不回，他的方向是坚定不移的。但他也有缺点：麻痹，警惕性不高，敌人换个花样就不认识了。猪八戒有许多缺点，但有一个优点，就是艰苦，七绝山臭稀柿胡同就是他拱开的。孙猴子很灵活，很机动，但他最大的缺点是方向不坚定，三心二意。"毛泽东还特地提到了白龙马，说："你们别小看了那匹小白龙马，它不图名，不为利，埋头苦干，把唐僧一直驮到西天，把经取了回来，这是一种朴素、踏实的作风，是值得我们学习的。"①

1942 年 9 月 7 日，毛泽东为延安《解放日报》写的社论《一个极其重要的政策》里指出，精兵简政是一个极其重要的政策。他说："目前根据地的情况已经要求我们褪去冬衣，穿起夏服，以便轻轻快快地同敌人作斗争，我们却还是一身臃肿，头重脚轻，很不适于作战。若说：何以对付敌人的庞大机构呢？那就有孙行者对付铁扇公主为例。铁扇公主虽然是一个厉害的妖精，孙行者却化为一个小虫钻进铁扇公主的心脏里去把她战败了。"②

1953 年 2 月 7 日，毛泽东在全国政协第一届委员会第四次会议上说："我们这个民族，从来就是接受外国的优良文化的。我们的唐三藏法师，万里长征，比后代困难得多，去西方印度取经。"③

以上事例足见《西游记》对毛泽东的影响之大。

读《红楼梦》

毛泽东热爱读《红楼梦》，不仅把它当作文学著作来阅读，还提倡从史学的角度进行解读。

1928 年冬天，贺子珍同毛泽东谈起她喜欢《三国演义》《水浒

---

① 牛克伦：《熔炉》，选自《回忆毛主席》，人民文学出版社 1977 年版，第 245—246 页。

② 中共中央文献研究室、中央档案馆编：《建党以来重要文献选编（1921—1949）》第 19 册，中央文献出版社 2011 年版，第 446 页。

③ 邓力群主编：《毛泽东读史》，中央民族大学出版社 2004 年版，第 280 页。

传），不喜欢《红楼梦》。她说：“《红楼梦》里尽是谈情说爱，软绵绵的，没有意思。”毛泽东听后反驳她说：“你这个评价不公正，这是一本难得的好书哩！《红楼梦》里写了两派，一派好，一派不好。贾母、王熙凤、贾政，这是一派，是不好的；贾宝玉、林黛玉、丫环，这是一派，是好的。《红楼梦》写了两派斗争。”①

1938 年 4 月 28 日，毛泽东在延安鲁迅艺术学院演讲中强调：“《红楼梦》这部书，现在许多人鄙视它，不愿意提到它，其实《红楼梦》是一部很好的小说，特别是它有极丰富的社会史料。比如它描写柳湘莲痛打薛蟠以后便‘牵马认镫去了’，没有实际经验是写不出‘认镫’二字的。……现在你们的‘大观园’是全中国，你们这些青年艺术工作者个个都是大观园中的贾宝玉或林黛玉，要切实地在这个大观园中生活一番，考察一番。”②毛泽东想借此动员文艺工作者深入群众中，深入实践当中，多写出贴近生活、贴近现实的作品。

1959 年 12 月至 1960 年 2 月，毛泽东读苏联《政治经济学教科书》后说道，“《红楼梦》里有这样的话：‘陋室空堂，当年笏满床。衰草枯杨，曾为歌舞场。蛛丝儿结满雕梁，绿纱今又在蓬窗上。’这段话说明了在封建社会里，社会关系的兴衰变化，家族的瓦解和崩溃。《红楼梦》中就可以看出家长制是在不断分裂中。贾琏是贾赦的儿子，不听贾赦的话。王夫人把凤姐笼络过去，可是凤姐想各种办法来积攒自己的私房。荣国府的最高家长是贾母，可是贾赦、贾政各人又有各人的打算”③。

可以看出，毛泽东真正读的是《红楼梦》背后所揭示的社会关系的变化和家族制的兴衰。

毛泽东不仅多次讲要热爱阅读《红楼梦》，建议身边工作人员和领导干部阅读《红楼梦》，还在多个场合提出要把“《红楼梦》当作历史来读”的独特见解。

---

① 薛泽石：《跟毛泽东学史》下册，红旗出版社 2007 年版，第 615 页。

② 《毛泽东文集》第 2 卷，人民出版社 1993 年版，第 123—124 页。

③ 龚育之、逄先知、石仲泉：《毛泽东的读书生活》，生活·读书·新知三联书店 1986 年版，第 228 页。

1961 年 12 月 20 日，他在中央政治局常委和各大区第一书记会议上讲："《红楼梦》不仅要当作小说看，而且要当作历史看。他写的是很细致的、很精细的社会历史。他的书中写了几百人，有三四百人，其中只有三十三人是统治阶级，约占十分之一，其余都是被压迫的。牺牲的、死的很多，如鸳鸯、尤二姐、尤三姐、司棋、金钏、晴雯、秦可卿和她的一个丫环。秦可卿实际是自杀的，书上看不出来。贾宝玉对这些人都是同情的。你们看过《金瓶梅》没有？这部书写了宋朝的真正社会历史，暴露了封建统治，揭露了统治者和被压迫者的矛盾，也有一部分写得很细致。《金瓶梅》是《红楼梦》的祖宗，没有《金瓶梅》就写不出《红楼梦》。但是，《金瓶梅》的作者不尊重女性，《红楼梦》、《聊斋志异》是尊重女性的。"①

1964 年 8 月 18 日，他在北戴河同哲学工作者谈道："《红楼梦》我至少读了五遍……我是把它当历史读的。开头当故事读，后来当历史读……《红楼梦》写四大家族，阶级斗争激烈，几十条人命。统治者二十九人（有人算了说是三十三人），其他都是奴隶，三百多个，鸳鸯、司棋、尤二姐、尤三姐等等。讲历史不拿阶级斗争观点讲，就讲不通。"②

此外，毛泽东对"红学"还有一番新的研究体会。

1954 年 10 月 16 日，毛泽东写下了《关于〈红楼梦〉研究问题的信》，并将《关于〈红楼梦简论〉及其他》和《评〈红楼梦研究〉》两篇文章一并附上，给中央政治局的主要领导以及文艺界的有关负责人传阅。该信内容如下③：

---

① 中共中央文献研究室编：《毛泽东文艺论集》，中央文献出版社 2002 年版，第 206—207 页。

② 龚育之、逢先知、石仲泉：《毛泽东的读书生活》，生活·读书·新知三联书店 1986 年版，第 220—221 页。

③ 中共中央文献研究室、中央档案馆编：《建党以来重要文献选编（1921—1949）》第 5 册，中央文献出版社 2011 年版，第 645—646 页。

各同志：

驳俞平伯的两篇文章付上，请一阅。这是三十多年以来向所谓《红楼梦》研究权威作家的错误观点的第一次认真的开火。作者是两个青年团员。他们起初写信给《文艺报》请问可不可以批评俞平伯，被置之不理。他们不得已写信给他们的母校——山东大学的老师，获得了支持，并在该校刊物《文史哲》上登出了他们的文章驳《〈红楼梦〉简论》。问题又回到北京，有人要将此文在《人民日报》上转载，以期引起争论，展开批评，又被某些人以种种理由（主要是"小人物的文章"，"党报不是自由辩论的场所"）给以反对，不能实现；结果成立妥协，被允许在《文艺报》转载此文。嗣后，《光明日报》的《文学遗产》栏又发表了这两个青年的驳俞平伯《〈红楼梦〉研究》一书的文章。看样子，这个反对在古典文学领域毒害青年三十余年的胡适派资产阶级唯心论的斗争，也许可以开展起来了。事情是两个"小人物"做起来的，而"大人物"往往不注意，并往往加以拦阻，他们同资产阶级作家在唯心论方面讲统一战线，甘心作资产阶级的俘虏，这同影片《清宫秘史》和《武训传》放映时候的情形几乎是相同的。被人称为爱国主义影片而实际是卖国主义影片的《清宫秘史》，在全国放映之后，至今没有被批判。《武训传》虽然批判了，却至今没有引出教训，又出现了容忍俞平伯唯心论和阻拦"小人物"的很有生气的批判文章的奇怪事情，这是值得我们注意的。

毛泽东

一九五四年十月十六日

俞平伯这一类资产阶级知识分子，当然是应当对他们采取团结态度的，但应当批判他们的毒害青年的错误思想，不应当对他们投降。

根据毛泽东手稿刊印

读《红楼梦》、品《红楼梦》、研究《红楼梦》可以说成为毛泽东一生的爱好。

　　关于四大名著，毛泽东还有一段精辟的点评。1960年12月上旬的一天，毛泽东和薄一波在中南海颐年堂谈话，其中就谈到对四大名著的整体认识。

　　首先，是对《水浒传》的评价。毛泽东说："《水浒传》要当作一部政治书看。它描写的是北宋末年的社会情况。中央政府腐败，群众就一定会起来革命。当时农民聚义，群雄割据占据了好多山头，如清风山、桃花山、二龙山等，最后汇集到梁山泊，建立了一支武装队伍，抵抗官军。这支队伍，来自各个山头，但是统帅得好。"毛泽东还将这个事例引入革命理论，说："我们领导革命也要从认识'山头'、承认'山头'、照顾'山头'，到消灭'山头'，克服山头主义。"①

　　其次，是评价《西游记》。毛泽东说："唐僧、孙悟空、猪八戒、沙和尚，他们一起上西天去取经，虽然中途闹了点不团结，但是经过互相帮助，团结起来，终于克服了艰难险阻，战胜了妖魔鬼怪，到达了西天，取来了经，成了佛。这里主要讲的是不要怕有不同意见，不要怕有争论，只要朝着一个目标，团结一致，坚持奋斗，最后总是会成功的。"②

　　接下来是《三国演义》。毛泽东对这部书的评价很高，他说："看这本书，不但要看战争，看外交，而且要看组织。"说到这里，毛泽东还指了一下薄一波，说："你们北方人——刘备、关羽、张飞、赵云、诸葛亮，组织了一个班子南下，到了四川，同'地方干部'一起建立了一个很好的根据地"③，毛泽东是想表达团结才能干出一番事业的想法。他还从《三国演义》中找到选拔青年干部，打破常规的事例："曹操下江南，东吴谁当统帅成了问题，结果找了一个'共青团

　　①　薄一波：《回忆片断——记毛泽东同志二三事》，《人民日报》1981年12月26日。

　　②　同上。

　　③　同上。

员'周瑜，29 岁当了都督，大家不服，后来加以说服，结果打了胜仗。"①

谈到《红楼梦》时，毛泽东评价道："这部小说描写的是乾隆年间，清朝开始走下坡路，曹雪芹借贾、史、王、薛'四大家族'的兴衰，揭示了封建制度的腐朽。"② 他还批评了书中贾宝玉、林黛玉、贾珍、贾琏以及王熙凤等人的性格和生活作风，指出"这些封建社会里的老爷、太太、少爷、小姐们，既是维护封建统治的剥削者，又是瓦解封建制度的蛀虫和催化剂"③。

实际上，毛泽东不仅时常同领导干部、身边人员谈论、点评四大名著，而且也常常建议周围的人阅读四大名著。1954 年，据毛泽东身边的工作人员汤沛回忆，"一次吃饭时，主席对我们说：你们这些学医学的，不能光看医学书籍，要多看些其他书籍。并进一步教导我们：我们中国人要关心祖国的优秀文化遗产，一定要精读《红楼梦》《水浒传》《三国演义》《西游记》等名著"④。

（二）读鲁迅作品

鲁迅，原名周树人（1881 年 9 月 25 日至 1936 年 10 月 19 日），浙江绍兴人，字豫才，17 岁之前曾用名周樟寿，后改名周树人。以笔名鲁迅闻名于世。鲁迅先生青年时代曾受进化论、尼采超人哲学和托尔斯泰博爱思想的影响。1904 年初，鲁迅入日本仙台医院专门学医，后从事文艺创作，希望以此改变国民精神。鲁迅一生写作计有 600 万字，其中著作约 500 万字，辑校和书信约 100 万字。

鲁迅作品包括杂文、短篇小说、诗歌、评论、散文、翻译作品等。

---

① 同上。

② 薄一波：《回忆片断——记毛泽东同志二三事》，《人民日报》1981 年 12 月 26 日。

③ 邱延生：《毛泽东纵论古典名著》，《中外文摘》2010 年第 20 期，第 45 页。

④ 董志新：《毛泽东读〈红楼梦〉》，万卷出版公司 2009 年版，第 17 页。

1918 年到 1926 年，他陆续创作出版了短篇小说集《呐喊》《彷徨》，杂文集《坟》《热风》《华盖集》《而已集》《二心集》，散文诗集《野草》，回忆性散文集《朝花夕拾》（又名《旧事重提》）等专集。其中，1921 年 12 月发表中篇小说《阿 Q 正传》。从 1927 年到 1936 年，创作了历史小说集《故事新编》中的大部分作品和大量的杂文，收辑在《坟》《而已集》《三闲集》《二心集》《南腔北调集》《伪自由书》《准风月谈》《花边文学》《且介亭杂文》《且介亭杂文二编》《且介亭杂文末编》《集外集》和《集外集拾遗》等专集中。

毛泽东非常喜欢鲁迅的作品，评价他是中国伟大的文学家、思想家、革命家，是文化革命的主将。1937 年 1 月，毛泽东进驻延安后，他在陕西第四中学（设在延安）图书室发现有鲁迅的著作，如获至宝。他借了几本，读后再借，先后借阅三次，他读了这里所有的鲁迅选本和单行本。

1938 年 8 月，鲁迅先生纪念委员会在上海编辑出版了 20 卷本《鲁迅全集》之后，毛泽东开始大量接触鲁迅的作品。

1949 年，毛泽东率中国党政代表团出访苏联，他亲自挑选了该版本的《鲁迅全集》中的几卷带往苏联。

鲁迅在《魏晋风度及文章与药及酒之关系》一文中说："其实，曹操是很有本事的人，至少是一个英雄，我虽不是曹操一党，但无论如何，总是非常佩服他。"毛泽东在 50 年代读此文时，用红笔对这段论述画着重线，表示他对鲁迅有关曹操的看法是非常赞同的。

1961 年 10 月 7 日，毛泽东为日本访华的朋友们书赠鲁迅七绝一首："万家墨面没蒿莱，敢有歌吟动地哀。心事浩茫连广宇，于无声处听惊雷。"他解释道："这一首诗，是鲁迅在中国黎明前最黑暗的年代里写的。"还让陪同接见的廖承志授意新华社记者在采写新闻报道时介绍赠诗的内容，并且要求郭沫若将此诗译成日文，方便日本朋友理解。①

---

① 朱正：《毛泽东赞扬鲁迅的一段鲜为人知的话》，《北京日报》2003 年 12 月 8 日。

实际上，毛泽东第一次公开评价鲁迅是在 1937 年 10 月 19 日，延安陕北公学纪念鲁迅逝世一周年大会上，他发表了题为《论鲁迅》的重要讲话，说："我们今天纪念鲁迅先生，首先要认识鲁迅先生，要懂得他在中国革命史中所占的地位。我们纪念他，不仅因为他的文章写得好，是一个伟大的文学家，而且因为他是一个民族解放的急先锋，给革命以很大的助力……他用他那一支又泼辣，又幽默，又有力的笔，画出了黑暗势力的鬼脸，画出了丑恶的帝国主义的鬼脸，他简直是一个高等的画家。他近年来站在无产阶级与民族解放的立场，为真理与自由而斗争。"①

（三）读诗词歌赋

　　毛泽东对中国古典诗词涉猎非常广博，自《诗经》以来历代的诗词曲赋，他都广泛地阅读过。其中，《楚辞》及唐诗宋词元曲，是毛泽东尤为喜爱的。

　　毛泽东推崇屈原，也喜欢屈原的作品。1913 年，他在求学期间，就阅读了《离骚》等篇章，并在其笔记《讲堂录》中，用了 11 页抄录《离骚》《九歌》全文，并在正文的"天头"上，写下了《离骚》各节提要，还对许多诗句进行圈注。

　　1957 年 12 月，毛泽东要求工作人员将各种版本的楚辞以及有关楚辞和屈原的著作尽量收集给他，之后，毛泽东比较集中地阅读了那些书。楚辞中，毛泽东尤爱《离骚》。1958 年 1 月 12 日，他在一封信里写道："我今晚又读了一遍《离骚》，有所领会，心中喜悦。"②

　　1961 年 6 月 16 日，毛泽东要工作人员找到人民文学出版社影印的南宋朱熹注本《楚辞集注》。同年秋，他创作了一首《七绝·屈

　　①　中共中央文献研究室、中央档案馆编：《建党以来重要文献选编（1921—1949）》第 14 册，中央文献出版社 2011 年版，第 591—592 页。

　　②　孙宝义、刘春增、邹桂兰等编著：《毛泽东谈读书学习》，中央文献出版社2008 年版，第 147 页。

原》："屈子当年赋楚骚，手中握有杀人刀。艾萧太盛椒兰少，一跃冲向万里涛。"在这首词中，毛泽东认为屈原的诗作犹如手中握着的匕首，应对世间的浑浊，保持高尚独立的人格。

屈原的作品对毛泽东的影响是多方面的，毛泽东在阅读和创作的过程中也在不断思索。下面仅列举部分毛泽东诗词与屈原作品，通过对比，足见毛泽东对屈原作品的熟悉和领悟程度。

苏粪壤以充帏。（《离骚》）粪土当年万户侯。（《沁园春·长沙》）

贯薜荔之落蕊。（《离骚》）千村薜荔人遗矢。（《七律·送瘟神》）

虽九死其犹未悔。（《离骚》）九死一生如昨。（《念奴娇·井冈山》）

临风怳兮浩歌。（《少司命》）君行吾为发浩歌。（《七古·送纵宇一郎东行》）

抚长剑兮玉珥。（《东皇太一》）愿言试长剑。（《五古·列嶂青且蒨》）

登九天兮抚彗星。（《少司命》）可上九天揽月。（《水调歌头·重上井冈山》）

形螺虬而逶蛇。（《远游》）五岭逶迤腾细浪。（《七律·长征》）

路不周以左转。（《离骚》）不周山下红旗乱。（《渔家傲·反第一次大围剿》）

洞庭波兮木叶下。（《湘夫人》）洞庭波涌连天雪。（《七律·答友人》）①

除楚辞外，毛泽东尤爱唐诗宋词。根据贺子珍回忆，在井冈山时，

---

① 张世春：《楚辞对毛泽东诗词的影响》，《山西师大学报》（社会科学版）1990年第1期，第26页。

毛泽东能把《唐诗三百首》全部背诵下来。根据今人对毛泽东的藏书进行分析统计,他圈阅过的古代诗歌共有1180首,而唐诗达到近600首,占据一半。他批阅过的《唐诗别裁集》有6部,《唐诗三百首》有5部,可见他对唐诗的喜爱。

唐诗中,毛泽东尤为喜爱李白的诗作,气派宏大,感情充沛。除此之外,毛泽东也比较喜欢初唐四杰即王勃、杨炯、卢照邻、骆宾王的诗。他对这四位诗人,特别是王勃,有较高的评价。曾在读《初唐四杰集》一书时写的一段批语中说:"这个人(指王勃)高才博学,为文光昌流丽,反映当时封建盛世的社会动态,很可以读。这个人一生倒霉,到处受惩,在虢州几乎死掉一条命。所以他的为文,光昌流丽之外,还有牢愁满腹一方……他是七世纪的人物,千余年来,多数文人都是拥护初唐四杰的,反对的只有少数……贾谊死时三十几,王弼死时二十四。还有李贺死时二十七,夏完淳死时十七。都是英俊天才,惜乎死得太早了。"①

宋词中,毛泽东最喜欢苏轼和辛弃疾的作品。苏东坡是"豪放派"的代表,他的作品气势磅礴,豪迈奔放。辛弃疾继承了苏东坡豪放的风格,饱含爱国情怀。《稼轩长短句》是毛泽东经常放在身边阅读的一部书。毛泽东还指名要过南宋的一些爱国词人(包括诗人)如张孝祥(《于湖词》)、张元幹(《归来集》)、洪皓(《鄱阳集》)等人的作品。他们的诗词都有豪放的气派和爱国的情怀。

实际上,毛泽东也并不排斥婉约风格的作品。1957年8月1日,他对婉约、豪放两派有过评价,他说:"词有婉约、豪放两派,各有兴会,应当兼读。读婉约派久了,厌倦了,要改读豪放派。豪放派读久了,又厌倦了,应当改读婉约派。我的兴趣偏于豪放,不废婉约。婉约派中有许多意境苍凉而又优美的词。……婉约派中的一味儿女情长,豪放派中的一味铜琶铁板,读久了,都令人厌倦的。人的心情是复杂的,有所偏但仍是复杂的。所谓复杂,就是对立统一。人的心情,经常有对立的成分,不是单一的,是可以分析的。词的婉约、豪放两

---

① 《毛泽东读文史古籍批语集》,中央文献出版社1993年版,第9—11页。

派，在一个人读起来，有时喜欢前者，有时喜欢后者，就是一例……"①

毛泽东读文学著作从来不是停留在文本的本身，而是将文本融入社会实践中，融入平时的生活中。他列举文学著作中的故事来讲道理，指导革命战争。毛泽东的文章和讲话中经常出现活泼、生动的语言，不时穿插民间俗语，这与他对文学著作中语言的深刻理解密切相关。他还经常在实际工作中运用文学著作中人物的特点来说明问题。例如，1964 年 3 月 24 日，毛泽东说："现在必须提拔青年干部。赤壁之战，群英会，诸葛亮那时 27 岁，孙权也是 27 岁，孙策起事时只有十七八岁。周瑜死时才不过 36 岁，那时也不过 30 岁左右，鲁肃 40 岁，曹操 53 岁。事实上青年人打败了老年人。长江后浪推前浪，世上新人赶旧人。"②

1949 年 12 月，毛泽东在苏联看望正在养病的中共中央书记任弼时说："要紧的是抓经济，改善人民生活，定了方向，关键是人才"，要选派人来学，"要提倡唐僧西天取经精神，多出些孙猴子，少些唐僧的愚气"。③

毛泽东对文学作品积极进行评价和思索，促成了毛泽东诗词的特殊贡献，以及造就了他在中国现代文学史上的突出地位。例如，在读《三国演义》的时候，毛泽东说："读《三国》，不但要看战争，看外交，还要看组织。"意思是要全方位立体角度理解《三国演义》这部历史小说。读《红楼梦》，毛泽东要求不仅要当文学作品，也要当作历史来读。四大名著对毛泽东的写作生活产生了巨大影响。除此之外，通过读唐诗宋词，读离骚，读古体诗，直接催生了毛泽东的诗词创作，留下了诸如《沁园春·雪》《水调歌头·游泳》《沁园春·长沙》《七律·人民解放军占领南京》《蝶恋花·答李淑一》等多首至今仍被人们学习、研究、传诵的作品。

---

① 《毛泽东文集》第 7 卷，人民出版社 1999 年版，第 304 页。

② 薛泽石：《跟毛泽东学史》上册，红旗出版社 2007 年版，第 218 页。

③ 《文艺报》1990 年 12 月 15 日。

品读史著·汲取智慧灵感

　　"以铜为鉴，可以正衣冠；以史为鉴，可以知兴替；以人为鉴，可以明得失。"古往今来，史学对人生、对社会、对人类发展的智慧启迪是显而易见的。毛泽东青年时代起就爱好读文史类书籍，曾说过"苟有志于学问，此实为必读而不可缺"。这是青年毛泽东对中国传统文化典籍的态度，贯穿于他的一生，培养了他的历史修养和历史眼光。当他走上革命道路，更是自觉地加强对历史的学习和研究，众多历史典籍，终生与他为伴。无论是二十四史，还是郭沫若、翦伯赞、范文澜等现代史家的著作，他读之后做出的对历史人物、历史事件的评价，都饱含着他对中国社会的思考，对人类未来的思考。毛泽东从浩瀚的历史书籍中掌握了渊博的历史知识，汲取了丰富的历史智慧，培养了敏锐的历史洞察力，对指导中国革命、建设新中国起到了重要作用。

（一）读二十四史

　　二十四史是经乾隆皇帝钦定的我国古代二十四部正史的总称。包括《史记》（汉·司马迁）、《汉书》（汉·班固）、《后汉书》（南朝宋·范晔）、《三国志》（晋·陈寿）、《晋书》（唐·房玄龄等）、《宋书》（南朝梁·沈约）、《南齐书》（南朝梁·萧子显）、《梁书》（唐·姚思廉）、《陈书》（唐·姚思廉）、《魏书》（北齐·魏收）、《北齐书》（唐·李百药）、《周书》（唐·令狐德棻等）、《隋书》（唐·魏徵等）、《南史》（唐·李延寿）、《北史》（唐·李延寿）、《旧唐书》（后晋·刘昫等）、《新唐书》（宋·欧阳修、宋祁）、《旧五代史》（宋·薛居正等）、《新五代史》（宋·欧阳修）、《宋史》（元·脱脱等）、《辽史》（元·脱脱等）、《金史》（元·脱脱等）、《元史》（明·宋濂等）、《明史》（清·张廷玉等）。二十四史共 3249 卷，约有 4000 万字。它记叙的时间，从第一部《史记》记叙传说中的黄帝起，到最后一部《明史》记叙到明崇祯十七年（1644）止，前后历时 4000 多年，用统一的本纪、列传的纪传体编写。二十四史的内容非常丰富，记载了历代经济、政治、文化艺术和科学技术等各方面的事迹。

1952 年，毛泽东购置了乾隆武英殿版本的二十四史，这套书成为他最珍爱、读的最多、批注最多的古籍线装书，直到他的生命结束。对毛泽东来说，读书是不分黑夜白天，不分地点场所的，任何时候，只要想读，就会随手拿起，有时候会加上批注，有时候会进行思考，有时候会与身边的工作人员交谈。

长期在毛泽东身边做图书管理工作的徐中远回忆道："二十四史，毛泽东读而不倦，学而不厌，全书全部文字至少读了一遍。他读的最多的是《史记》《汉书》《后汉书》《三国志》《唐书》《新唐书》《晋书》《五代史》《明史》等。"二十四史中，他尤其感兴趣的章节是"《后汉书》卷一《光武帝纪》、卷七十五《袁安传》，《晋书》卷五十《郭象传》、《庾纯传》、卷五十五《潘尼传》、卷八十《王羲之传》，《宋书》卷五十一《宗室刘道怜》、卷七十五《王僧达传》，《隋书》卷二《高祖本纪》，《南史》卷一《宋高祖本纪》、卷六《梁高祖本纪》、卷十八《臧质传》……"① 1959 年，毛泽东为鼓励他的英文秘书学历史，把《汉书》推荐给他读，还说："西汉高、文、景、武、

① 徐中远：《毛泽东是怎样读二十四史的》，中央文献出版社 2012 年版，第 4 页。

昭等读起来较有趣味。"1965 年，毛泽东曾向一些领导干部建议，读一读《后汉书》中的《黄琼传》《李固传》。

1975 年，毛泽东已经 82 岁高龄，而且患有白内障，视力模糊，医生叮嘱他每天少看书或不看书。他对医生的话毫不在意，每天照样看书。实在不能看了，就让身边工作人员给他读书。1976 年 5 月，毛泽东的病情不断加重，身体素质越来越差。6 月初，突患心肌梗塞，经及时挽救，脱离了危险。之后不久，毛泽东许多时间都处在昏迷半昏迷状态，靠鼻饲生活。据医疗组的护理记录，1976 年 9 月 8 日这一天，毛泽东看文件、看书达 11 次之多，共计 2 小时 50 分钟。毛泽东读过多遍的这部二十四史中的《晋书》《南史》等分册就一直放在他的身边，并一直陪伴着他到生命的最后一息。足见毛泽东对二十四史的钟爱程度，已经超越了一般书籍。

当然，毛泽东读二十四史还给我们留下了一笔宝贵的遗产，如他对二十四史的"评点""批注"，催生了对"毛泽东评点二十四史"圈注内容研究的蓬勃发展。

例如，1959 年 12 月至 1960 年 2 月，毛泽东在读苏联《政治经济学教科书》后评论说："像《史记》这样的文章和后来人对它的注释，都很严格、准确。"① 毛泽东读《后汉书》卷一《光武帝纪》时，读至"赤眉杀更始而隗嚣据陇右"一句，批注说"而"字为"衍文"，又颇有体会地把李贤等对《后汉书》的注和裴松之注《三国志》放在一起做了评价。他写道："裴松之注三国，有极大的好处，有些近于李贤，而长篇大论搜集大量历史资料，使读者感到爱看。'青出于蓝而胜于蓝'，其此之谓欤？譬如积薪，后者居上。章太炎说：读三国要读裴松之注，英豪巨眼，不其然乎？"②

对二十四史中的其他诸史，毛泽东也简略谈过看法。他认为《旧唐书》比《新唐书》写得好，但对《新唐书》中的《严郢传》《吴通

---

① 盛巽昌编著：《毛泽东与三国演义》，广西人民出版社 1997 年版，第 132 页。

② 中共中央文献研究室编：《毛泽东读文史古籍批语集》，中央文献出版社 1993 年版，第 129—130 页。

玄传》两篇，则分别批注道："此篇写得不错"，"这一篇写得好"。毛泽东还认为《南史》《北史》比《旧唐书》更好些。

曾在北京大学中文系任教的芦荻，1975 年到毛泽东身边工作，为他读文史书籍。芦荻回忆：1975 年 5 月 30 日毛泽东让她读《晋书》《南史》《北史》，还说："我们的国家，是世界各国中统一历史最长的大国。中间也有过几次分裂，但总是短暂的。这说明中国的各族人民，热爱团结，维护统一，反对分裂。分裂不得人心。"具体到历史著作，毛泽东认为："《南史》和《北史》的作者李延寿，就是倾向统一的，他的父亲李大师也是搞历史的，也是这种观点。这父子俩的观点，在李延寿所写的《序传》中说得十分明白。"① 毛泽东还在李延寿所写的"序传"中，画了大量的圈和线，注有很多赞赏的标记。

芦荻在回忆毛泽东读二十四史的过程中感叹道："从圈画批注的情形看，毛泽东不仅认真细致地通读了这部 4000 万言的巨著，而且在每部书第一卷的封面上，都清楚的标写出卷、册的数目和分类，甚至某些传记所在的册数和卷数，也都一一标明。例如，在《辽史》的封面上，他除了列出'本纪三十、志三十二、表八、列传四十五，总计为一百一十五卷'的总目外，还写有下面一段话：《辽史》总列一百一十五卷，而本纪、志、表、列传、分数总合为一百一十四卷，错在志十七上。又有十七下。和其他条例不合，按其他各项体例，则应为十七、十八，应加以改正。类推，则志当为三十二卷。从这条按语看，毛泽东不仅在读该书时，一一标出了目录，而且还经过了仔细的核查。"②

（二）读现代史家著作

翦伯赞（1898 年 4 月 14 日至 1968 年 12 月 18 日）原名象时，湖

---

① 陈晋：《毛泽东之魂》，中央文献出版社 1997 年版，第 413—414 页。
② 芦荻：《毛泽东读二十四史》，《光明日报》1993 年 12 月 20 日。

南桃源人，维吾尔族，曾任北京大学历史系主任、副校长（1952—1968），曾参与北伐战争，著名历史学家提前。翦伯赞一生著作等身，发表论文300余篇，出版专著七八部，共约400万字。重要论文集有《中国史论集》第一、二辑、《历史问题论丛》（增订本）、《翦伯赞历史论文选集》《史料与史学》；专著有《最近之世界资本主义经济》（下）、《历史哲学教程》，主编有《中国史纲要》《中外历史年表》，合编有《中国历史概要》等。此外，还主编资料《戊戌变法》《义和团》《历代各族传记汇编》，与郑天挺主编《中国通史参考资料》等。

翦伯赞与毛泽东交往多次，是毛泽东很熟悉的历史学家，并多次被毛泽东接见，还曾下指示要"解放历史学家翦伯赞，解决他的生活困难，安排他的工作"①。翦伯赞关于历史学的著述，毛泽东非常喜爱阅读。在他逝世后，其故居的床头还摆放着翦伯赞的《中国史纲》和《历史问题论丛》。《中国史纲》是我国早期运用马克思主义观点写的通史，分为两卷，分别为原始社会到战国时期，秦汉史。通俗易懂，是中国化马克思主义史学的开拓之作。《历史问题论丛》是翦伯赞的一本史学论文集，收录了作者1950—1961年发表的主要论文33篇。内容涉及历史科学的路线、方向问题，历史与历史剧问题，某些历史问题的争鸣等。

郭沫若（1892—1978），四川乐山县人，诗人、剧作家、历史学家、考古学家、古文字学家、社会活动家。毛泽东与郭沫若相识于20世纪20年代。毛泽东对郭沫若的著作十分珍视，郭沫若的《历史人物》《青铜时代》《奴隶制时代》《十批判书》《中国史稿》等历史著作、历史剧及文学作品等，毛泽东都有收藏并时常阅读。

1944年3月，在纪念李自成起义推翻明王朝300周年之际，郭沫若发表了史论《甲申三百年祭》，全文约1.9万字。文中叙述了明末李自成农民起义军在攻入北京推翻明朝以后，一些首领腐化并发生宗派斗争，于1645年终于陷入失败的过程，总结了李自成农民起义从胜

---

① 范忠程主编：《博览群书的毛泽东》，湖南出版社1993年版，第229页。

利走向失败的惨痛历史教训。该文推翻了明末清初以来特别为国民党御用史学家大肆宣扬的"李自成万年流寇，崇祯帝旷代明君"的观点，歌颂李自成领导的是"规模宏大而经历长久的农民革命"，开创性地阐述了农民革命是推动历史前进的动力的唯物史观。《甲申三百年祭》发表后，很快就传到延安。毛泽东看后，引起了高度重视，在同年 4 月 12 日的延安高级干部会议上说："近日我们印了郭沫若论李自成的文章，也是叫同志们引为鉴戒，不要重犯胜利时骄傲的错误。"

同年 11 月 21 日，毛泽东又亲笔给郭沫若写信，信中说："武昌分手后，成天在工作堆里，没有读书钻研机会，故对于你的成就，觉得羡慕。你的《甲申三百年祭》，我们把它当作整风文件看待。小胜即骄傲，大胜更骄傲，一次又一次吃亏，如何避免此种毛病，实在值得注意。倘能经过大手笔写一篇太平军经验，会是很有益的；但不敢作正式提议，恐怕太累你。……你的史论、史剧有大益于中国人民，只嫌其少，不嫌其多，精神决不会白费的，希望继续努力……我们大家都想和你见面，不知有此机会否。"①

毛泽东的这封信，赞扬了郭沫若的成就，既饱含着两人的情谊，也讨论了革命事业。1949 年 3 月 23 日，在离开西柏坡前往北平时，毛泽东说："今天是进京'赶考'。"周恩来说："我们应当都能考试及格，不要退回来。"毛泽东当即回应："退回来就失败了。我们决不当李自成。"

长期以来，毛泽东与郭沫若不仅工作上合作，在私下也颇有往来，交流阅读、写作心得。郭沫若的《历史人物》《青铜时代》《奴隶制时代》《中国史稿》《十批判书》等历史著作、历史剧等，毛泽东故居里都有收藏并经常阅读。

范文澜（1893—1969），浙江绍兴人。我国杰出的马克思主义历史学家、教育家和社会活动家，有人把他与郭沫若并称历史学领域开国一代的两位大师。毛泽东从 20 世纪 40 年代初期开始就和范文澜交往密切，毛泽东对中国社会的分析和马克思主义的深刻理解，对范文

① 《毛泽东书信选集》，人民出版社 1983 年版，第 241—242 页。

澜的史学研究产生了重要影响。

　　1940 年初，范文澜从河南确山竹沟镇中共河南省委驻地来到延安。9 月初，范文澜在延安新哲学年会上，作中国经学简史的演讲，毛泽东到场聆听。会后，范文澜把这次演讲的提纲送给毛泽东审阅。9 月 5 日，毛泽东给范文澜去信："提纲读了，十分高兴，倘能写出来，必有大益，因为用马克思主义清算经学这是头一次，因为目前大地主大资产阶级的复古反动十分猖獗，目前思想斗争的第一任务就是反对这种反动。你的历史学工作继续下去，对这一斗争必有大的影响。第三次讲演因病没有听到，不知对康梁章胡的错误一面有所批判否？不知涉及廖平吴虞叶德辉等人否？越对这些近人有所批判，越能在学术界发生影响。"① 范文澜认为，"经"原是孔子整理旧文写在竹简上授课的课本，后来写成固定的书本，转化为经书。历代儒生按照统治阶级的需要对经进行注解，后来形成经学。儒生们把经说成是永恒不变的真理，目的是以经文来证明封建统治的合理性与不可动摇性。于是作为传授知识文化的书本变成了统治阶级统治人民的工具和理论武器。又由于对经的理解产生分歧，便形成了不同派别。各派之间发生论争，经学又与其他学派产生论争，不断发展，最终离开原书本义太远，以适应统治阶级的需要，处于最受尊崇的地位。范文澜反对大地主大资产阶级提倡的尊孔读经，全盘继承，也反对民族虚无主义的态度，对经书一概否定。他主张用马列主义观点对经书进行总结，去其糟粕，取其精华，把经中的优秀内容吸收到中国无产阶级文化中来。基于他对中国经学的研究成就，他被誉为中国用马克思主义研究经学的开创者。

　　1958 年 4 月 28 日《人民日报》和 1958 年第 6 期《历史教学》同时发表范文澜的《历史研究必须厚今薄古》一文。全文分四个部分："1. 厚今薄古是中国史学的传统；2. 厚古薄今是资产阶级的学风；3. 厚今薄古与厚古薄今是两条路线的斗争；4. 开展百家争鸣，史学界领导干部要种试验田。"毛泽东读后写道："范文澜同志最近写的一篇文

---

　　① 《毛泽东书信选集》，人民出版社 1983 年版，第 163 页。

章，《历史研究必须厚今薄古》，我看了很高兴。这篇文章引用了很多事实证明厚今薄古是史学的传统。敢于站起来说话了，这才像个样子。文章引用了司马迁、司马光……可惜没有引秦始皇，秦始皇主张'以古非今者族'，秦始皇是个厚今薄古的专家。"①

在延安，范文澜还主持编选了作为根据地干部学习文化之用的课本《中国国文选》，这本课本也是毛泽东指定由范文澜负责编选的。据叶蠖生后来回忆说："毛泽东同志还指定了一些需要节选的文章，如《聊斋志异》和《西游记》中的一些篇章。这些文字要使只有初中文化程度的人都能读懂，需要加很多注释。于是研究室决定用全力突击完成这一任务，指定由范文澜、齐燕铭、刘亚生、佟冬、金灿然和我负责。大家突击赶任务，每天都在油灯下工作到深夜。没有夜餐，就在炭火盆上煮几粒枣子吃，觉得味道异常甘美。"② 这部《中国国文选》在1942年完成付印，毛泽东专门为该书写了序言，强调干部学习文化的重要性，称赞文化课本的编成是一大胜利，表扬了范文澜、徐特立等同志。

在毛泽东的鼓励下，范文澜对历史的研究更加深入，思想更加明晰。不久，毛泽东直接向范文澜交代了一项任务，要求他在短期内编出一本篇幅有十多万字的中国通史，为广大干部学习之用。

1940年8月，范文澜开始动手编写通史，当时拟定的写作原则，有"略前详后，全用语体，揭露统治阶级罪恶，显示社会发展法则"等几条。在撰写过程中，毛泽东予以很大的关注。范文澜也专门请教毛泽东写这部史书如何行文，毛泽东对他说，写中国历史要夹叙夹议，后来他的历史著作就是依照毛泽东的意见完成的。很快，《中国通史简编》写好了，1941年出版上册，1942年出版中册。

《中国通史简编》是第一部用马克思主义观点编写的中国通史书，一扫旧史学的陈腐史学观，第一，肯定劳动人民创造历史的功绩，否定了旧史书中以帝王将相为历史主角的史学观；第二，把阶级斗争理论作为研究历史的基本线索，重点介绍了历史上的阶级斗争和农民起义，肯定了被压迫者的反抗斗争在历史中的重要作用；第三，则是以社会发展规律分析中国五千年历史发展过程，说明历史是缓慢而螺旋式发展的，并非停滞不前；第四，重视生产斗争和科学成就的描述，证明中华民族有着悠久而又丰富的科学发明；第五，强调中国自秦以来长期统一对中国经济发展、文化进步、民族团结起到的重大作用，指出汉族是独特的社会历史条件下形成的独特的民族。

《中国通史简编》出版后，毛泽东给予了很高的评价，建议以后写得更多，可到 300 万字左右，并评价说："《中国通史简编》的资料多，让人愿意看下去。"还对范文澜说："我们党在延安又做了一件大事……不仅有我们的看法，而且写出了一部系统的完整的中国通史。这表明我们中国共产党对于自己国家几千年的历史有了发言权，也拿出了科学的著作了。"① 毛泽东后来的词作《贺新郎·读史》深刻地表达了他历史唯物主义的观点：

　　人猿相揖别，只几个石头磨过，小儿时节。铜铁炉中翻火焰，为问何时猜得？不过几千寒热。人世难逢开口笑，上疆场彼此弯弓月。流遍了，郊原血。

　　一篇读罢头飞雪，但记得斑斑点点，几行陈迹。五帝三皇神圣事，骗了无涯过客。有多少风流人物？盗跖庄屩流誉后，更陈王奋起挥黄钺。歌未竟，东方白。

这首词写于 1964 年春天，最早发表于《红旗》1978 年第 9 期，词的上阕，用大写意的手法，勾画了人类社会历史发展的进程；下阕，用辩证唯物主义和历史唯物主义的观点，概括了几千年来统治阶级愚弄人民的所谓圣明，讴歌了被历史学家贬为盗匪的农民起义领袖。全词高屋建瓴，贯今通古，其气魄与意境都是前无古人的。

此外，毛泽东同周谷城等历史学家也有交往，并阅读他们的著作，

---

①　范忠程主编：《博览群书的毛泽东》，湖南出版社 1993 年版，第 224 页。

交换意见，共同进步。

（三）读其他史著

除了二十四史之外，毛泽东最喜爱、读的次数最多的史书当数《资治通鉴》，这也是一本他读破了的书。《资治通鉴》是北宋司马光主持编写的我国第一部编年体通史，全书294卷，另有《目录》《考异》各30卷，共约300万字。该书记载了上起周威烈王二十三年（前403）下至五代周世宗显德六年（959）的事迹，是《史记》之后包容年代最长的通史之一。

毛泽东在青少年时代就接触到《资治通鉴》。1912年，19岁的毛泽东报考湖南省立高等中学，以第一名的成绩被录取。在学校里，他从国文教员胡汝霖那里借到一部《御批通鉴辑览》。自此以后，毛泽东对《资治通鉴》兴趣终生不衰，无论是在战争年代，还是在新中国成立之后，只要有空闲时间，他总爱拿这部书认真阅读。1954年冬，毛泽东对吴晗说："《资治通鉴》这部书写得好，尽管立场观点是封建统治阶级的，但叙事有法，历代兴衰治乱本末毕具，我们可以批判地读这部书，借以熟悉历史事件，从中吸取经验教训。"①

1959年10月，毛泽东赴外地视察前夕，特地列出随身携带的书籍名单，《资治通鉴》就在其中。毛泽东晚年曾向身边的护士孟锦云推荐这部书，他说《资治通鉴》是一部难得的好书，他读了17遍，每读一遍都受益匪浅。

对毛泽东来讲，正史里的知识远远不能满足他对历史的热爱，有时候他也希望阅读一些稗官野史，扩充自己的视野。他曾经说："不仅《二十四史》，稗官野史也要读。"毛泽东爱读史料丰富翔实的正史，也爱读有史料价值的各种野史、稗史以及历史小说。他说："所谓野史也大半是假的。可是你不能因为它假的多，就自己来搞一套历

① 薛泽石：《跟毛泽东学史》下册，红旗出版社2007年版，第465页。

史，不读了，那是形而上学，是傻子。"① 1936 年，毛泽东致电李克农："请购整套中国历史演义两部（包括各朝史演义）。"1939 年春，毛泽东用了 40 元，在西安买了《宋史通俗演义》这样的多种旧历史小说。而石印本绘图《中国历代通俗演义》，则是他从延安带出来的，也是他最爱读、舍不得丢下的那部分书中的一部，至今仍保留在故居里。

《中国历代通俗演义》的作者蔡东藩，出身秀才，用了十几年的时间，从辛亥革命前后写到 1926 年，写成 500 多万字的历史通俗演义小说。它取材于史书，但增加了文学演义的情节。其通俗易懂，又结合历史知识，受到广泛欢迎，毛泽东也不例外，是忠实的读者之一。

毛泽东不仅读中国史，还读世界史。1910 年，他在湘乡东山高小读书时，除了广泛阅读中国古史外，还喜欢读外国的历史地理。当时，毛泽东从同学那里借到一本《世界英烈传》，书中的华盛顿、林肯、卢梭、孟德斯鸠等历史人物的传记，深深地吸引了他的注意力，开拓了他的眼界，启发了他的思维。他第一次知道美国革命，特别钦佩华盛顿经过 8 年艰苦战争赢得美国的独立，并说："中国也得有这样的人物。"②

毛泽东还通过观看历史人物影像片来了解历史知识。1949 年 12 月，毛泽东在苏联访问期间，看了《彼得大帝》《拿破仑》《库图佐夫》《涅夫斯基》等几十部历史人物传记片，斯大林说："毛泽东真聪明，有空就看人物传记片，这是了解历史的最简捷的方法。"③

（四）毛泽东读史著的特点

毛泽东在阅读史学著作以及同史学家的交往、联系中，我们能深

---

① 张贻玖：《毛泽东读史》，当代中国出版社 2005 年版，第 34 页。
② 同上书，第 21 页。
③ 《领袖毛泽东（峰与谷——师哲回忆录）》，红旗出版社 1997 年版，第 72 页。

切感受到毛泽东人格的巨大魅力。因此，对总结毛泽东的读史书的特点和方法，有重要的现实意义和学习意义。

首先，善于总结历史规律，结合革命实践，指导革命斗争。在《新民主主义论》一文中，毛泽东指出："我们必须尊重自己的历史，决不能割断历史。但是这种尊重，是给历史以一定的科学的地位，是尊重历史的辩证法的发展，而不是颂古非今，不是赞扬任何封建毒素。"① 可见，毛泽东提倡客观、辩证地认识历史问题、研究历史问题。为此，毛泽东曾多次向全党同志发出学习历史的号召。他说："学习我们的历史遗产，用马克思主义的方法给以批判的总结，是我们学习的另一任务。我们这个民族有数千年的历史，有它的特点，有它的许多珍贵品。对于这些，我们还是小学生。今天的中国是历史的中国的一个发展；我们是马克思主义的历史主义者，我们不应当割断历史。从孔夫子到孙中山，我们应当给以总结，承继这一份珍贵的遗产。这对于指导当前的伟大的运动，是有重要的帮助的。"② 1949 年上半年，蒋介石集团为挽救垮台的命运，提出划江而治的方案，企图阻止解放军跨过长江，并策划有朝一日卷土重来。毛泽东总结历史经验教训，断然决定"百万雄师过大江"，并告诫全党"不可沽名学霸王"，从而避免了革命半途而废的悲剧，建立了新中国。

其次，坚持人民群众是历史的创造者，是历史发展的真正动力的观点，丰富和发展了"群众史观"。毛泽东说，洋洋四千万言的二十四史，写的差不多都是帝王将相，人民群众的生活情形、生产情形，大多是只字不提，有的写了些，也是笼统地一笔带过，目的是谈如何加强统治的问题，有的更被歪曲地写了进去，如农民反压迫、反剥削的斗争，一律被骂成十恶不赦的"匪""贼""逆"。毛泽东认为，这是最不符合历史真实的假话。同时指出："实则吾国自秦以来两千余年推动社会向前进步者主要是农民战争。"他在《中国革命和中国共产党》一文里，历数中国历史上农民起义的丰功伟绩后说："地主阶

① 《毛泽东选集》第 2 卷，人民出版社 1991 年版，第 708 页。
② 同上书，第 533—534 页。

级对于农民的残酷的经济剥削和政治压迫，迫使农民多次地举行起义，以反抗地主阶级的统治。……在中国封建社会里，只有这种农民的阶级斗争、农民的起义和农民的战争，才是历史发展的真正动力。"①

再次，史政结合，将"史论"引入"政论"。毛泽东作为大政治家而又好史，其史识自是别具一格，他对历史上许多人物的评价，多异于古人，显然与他的历史唯物主义观点关系紧密，唯其如此，他对刘知几提出的史识之论，特别感兴趣。1958 年在中共八大二次会议上的讲话中说：唐朝有个刘知几，是个历史学家。他主张写历史的人要有三个条件：才、学、识。他说的识，就是辨别风向的问题。我现在特别提醒同志们注意的是，我们应该有识别风向的能力，这一点有极端的重要性。一个人尽管有才有学，如果不善于识别风向，那还是很迟钝的。引用刘知几的史识之说，自有其特殊所指，用他的话来说，就是重在提高"识别"社会上各种政治风向的能力，使人们具有高度的政治敏感性。显然，这已是借"史学"来讲"政学"了，把刘知几说的"识"从历史拉向现实。②

最后，将史学著作阅读同干部教育结合起来，并落实到行动中。1959 年 4 月党中央召开的上海会议之前，为了纠正已经察觉到的错误，毛泽东向全党连续发了四封《党内通信》，反对浮夸风等"左"的倾向；在上海会议上，又着重议论了多谋善断、留有余地等问题。毛泽东提出，希望大家看看《三国志》中的《郭嘉传》。郭嘉是三国时期的一位著名人物，最初在袁绍部下，但他认为袁绍"多端寡要，好谋无决，欲与共济天下大难"。后经荀彧推荐，成为曹操的重要谋臣，追随左右，策谋帷幄，协助曹操南征北战，擒吕布，破袁绍，北伐乌桓，功绩卓著。郭嘉中年夭折，曹操非常惋惜，称道他："每有大议，临敌制变。臣策未决，嘉辄成之。平定天下，谋功为高。"郭嘉足智多谋，而曹操能够问计于郭嘉等谋臣，听取他们的意见，果断作出决策，这说明他是一个知人善用、多谋善断的人物。毛泽东介绍

---

① 《毛泽东选集》第 2 卷，人民出版社 1991 年版，第 625 页。
② 陈晋：《毛泽东之魂》，中央文献出版社 1997 年版，第 415 页。

大家看《郭嘉传》，意思是希望各级领导干部做事要多谋。他说，多谋善断，这句话重点在"谋"字上。要多谋，少谋是不行的。要与各方面去商量，反对少谋武断。商量又少，又武断，那事情就办不好。谋是基础，只有多谋，才能善断。谋就是为了断。他还说：要当机立断，不要优柔寡断。应当根据形势的变化来改变计划。反对党内一些不良倾向，也要当机立断。这在今天，对于我们指导各方面的工作，仍然有着深刻的启示。①

---

① 薄一波：《忆毛泽东同志二三事》，《人民日报》1981 年 12 月 26 日。

五

研习军事·夯筑事业根基

1955 年，中国人民解放军第一次授衔，初期计划授毛泽东大元帅军衔。从他的国家元首的身份出发，这一安排并无不妥，蒋介石从北伐后就挂起了特级上将的军衔。若论毛泽东的军功，他是中国人民解放军的缔造者、三军的统帅、卓越的军事家，领导抗日军民击败了日寇的侵略，指挥人民军队推翻了国民党政权的腐败统治，这一点与苏联大元帅斯大林成功领导卫国战争的胜利相比毫不逊色。而毛泽东坚决不接受大元帅的军衔。他的固执使新中国少了一位大元帅，却更增添了他作为军事统帅的气度，留下一段佳话。军事成就奠定了毛泽东事业的根基，人们在感佩他功绩的同时，可曾想到他在血与火的战争中不断磨砺兵学艺术的艰辛历程，能否想到书生最终会成为统帅？

（一）从传统经典中汲取军事知识

从一个人的成长来看，家族传统、童年的记忆往往会影响人的一生，少年时期的知识积累会奠定兴趣的基调。湘军起自湘乡，毛泽东的祖辈受风气吸引，加入湘军者不在少数，从而延续了毛氏家族尚武从军的传统，影响了毛氏子弟的志愿取向。在上私塾时，毛泽东最喜爱并熟读的不是经书，而是《精忠传》《三国演义》《水浒传》《西游记》《隋唐演义》这些古代传奇小说。书中富有侠气的人物、打斗的情节对他有着异常的吸引力，给他日后的军事生涯以最初的启发。他曾对斯诺说："我认为这些书对我的影响大概很大，因为这些书是在易受感染的年龄里读的。"① 实际上，毛泽东对《三国演义》《水浒传》等小说的喜爱和阅读，贯穿了他的一生。读私塾时，他瞒着老师读；辍学后，劳动之后读；战争岁月，他如饥似渴地读；新中国成立后，读书的兴趣仍有增无减。

从《三国演义》中，他不但看到战争，还看到外交，看到组织方法。在《伦理学原理》的批语中写道："吾人揽史时，曾赞叹战国之时，刘、项相争之时，汉武与匈奴竞争之时，三国竞争之时，事态百变，人才辈出，令人喜读。"在《中国革命战争的战略问题》一书中，他列举的六个古代著名战例，《三国演义》里的袁曹官渡之战、吴魏赤壁之战、吴蜀彝陵之战便占了一半。特别在皖南事变发生后，他从抗战的全局出发，以刘备怒而兴兵伐吴致兵败身亡的教训引导全党同志认识到时局中的主要矛盾，统一思想，既坚持抗日，也要做好对反共顽固派的斗争。

读《水浒传》时，他借武松打虎的故事谈斗争的问题，强调对反动派不能有丝毫的怯懦，要敢于胜利，善于胜利。他说："我们要学景阳冈上的武松。在武松看来，景阳冈上的老虎，刺激它也是那样，不刺激它也是那样，总之是要吃人的。或者把老虎打死，或者被老虎吃掉，二者必居其一。"② 在写《矛盾论》《中国革命战争的战略问题》《论人民民主专政》时，他多次引用《水浒传》的内容加以说明。在论述"战略退却"问题时，就引用了林冲打败洪教头的故事："谁人不知，两个拳师放对，聪明的拳师往往退让一步，而蠢人则其势汹汹，劈头就使出全副本领，结果却往往被退让者打倒。《水浒传》上的洪教头，在柴进家中要打林冲，连唤几个'来''来''来'，结果

---

① 《毛泽东一九三六年同斯诺的谈话》，人民出版社 1979 年版，第 8 页。
② 《毛泽东选集》第 4 卷，人民出版社 1991 年版，第 1473 页。

是退让的林冲看出洪教头的破绽，一脚踢翻了洪教头。"三打祝家庄的战例也给他以唯物辩证法的启发，他分析道："《水浒传》上宋江三打祝家庄，两次都因情况不明，方法不对，打了败仗。后来改变方法，从调查情形入手，于是熟悉了盘陀路，拆散了李家庄、扈家庄和祝家庄的联盟，并且布置了藏在敌人营盘里的伏兵，用了和外国故事中所说木马计相像的方法，第三次就打了胜仗"来说明"研究问题，忌带片面性，不然就会碰钉子"的道理，并明确表示："《水浒传》里有很多唯物辩证法的事例，这个'三打祝家庄'，算是最好的一个。"

《孙子兵法》被誉为"兵学圣典"，为古今中外军事家所尊崇。"孙武子以兵为不得已，以久战多杀非理，以赫赫之功为耻，岂徒谈兵之祖，抑庶几立言君子矣。"从《讲堂录》所记来看，毛泽东对孙武军事思想的关注在长沙求学时便开始了。

在随后开展的土地革命战争中，毛泽东所运用的机动灵活的战略战术不能说没有《孙子兵法》的影子，当然更多的仍是依靠战争实践得来。红军长征到达陕北后，面对日本侵略的严酷形势和中日民族矛盾的加剧，急需系统总结前期在军事斗争上的经验教训，以取得全党在战略认识上的共识，应对即将爆发的现代化战争。《孙子兵法》在这个时候再一次显现在他的脑海中，他急需这样一本能够指导中日战争战略的有用的书。1936年9月7日，他给在西安做统战工作的刘鼎写信，催买军事书籍。但收到书后，他并不满意。9月26日，又给刘鼎写信，告诉他要买战略类书籍，买大兵团作战的战役学书，买中国古时兵法书。第二批书到达延安后，毛泽东看后仍不满意。10月22日，他又给叶剑英、刘鼎写信，指明要一部《孙子兵法》："买来的军事书多不合用，多是战术技术的，我们要的是战役指挥与战略的，请按此标准选买若干。买一部《孙子兵法》来。"在书稿写作期间，毛泽东通过自己研读和组织集体讨论，对《孙子兵法》蕴含的朴素唯物辩证法思想批判吸收并加以运用。如在《中国革命战争的战略问题》中，毛泽东多处引用《孙子兵法》，以阐述战略问题。他讲道，"中国古代大军事家孙武子书上'知彼知己，百战不殆'这句话，是包括学习和使用两个阶段而说的，包括从认识客观实际中的发展规律，并按照这些规律去决定自己行动克服当前敌人而说的；我们不要看轻这句话"。讲到孙子的"示形"，毛泽东认为，"我们乘敌之隙的可能性，总是存在的。敌人会犯错误，正如我们自己有时也弄错，有时也授敌以可乘之隙一样。而且我们可以人工地造成敌军的过失"。此外，在《论持久战》《矛盾论》等著作中，他也曾多次提及"知彼知己，百战不殆"，称其为"孙子的规律""科学的真理"，其他如关于"避其锐气，击其惰归"以及"以逸待劳，以饱待饥"等，也都被毛泽东拿来纳入他的军事理论中，用于指导革命战争和抗日战争的广阔实践中。

在陕北，毛泽东在撰写战略著作的同时，还嘱托郭化若在研究古代兵法时重点研究《孙子兵法》。他说："要为了发扬中华民族的历史遗产去读孙子的书，要精滤《孙子兵法》中卓越的战略思想，批判地接受其对战争指导的法则和原理，并以新的内容去充实它。"

毛泽东创造性地运用《孙子兵法》中的军事原则，重视对书中军事思想的研究，对这部"兵学圣典"推崇备至，在斯诺、蒙哥马利等外宾面前，多有赞誉。

《曾胡治兵语录》是近代军事家蔡锷于1911年编成的一部语录体兵书。该书多有对《孙子兵法》中军事思想的引证与发挥，如奇正、主客、虚实、攻守、治乱等问题，也结合了蔡锷带兵作战的经验思考。毛泽东在青年时代曾认真阅读过此书，从中不仅对曾国藩、胡林翼、蔡锷的军事思想有了一定程度的认识，也侧面了解了孙子的军事思想。1943年，八路军《军政杂志》出版《增补曾胡治兵语录白话句解》，这与毛泽东对此书的重视不无关系。

土地革命战争时期，"左"倾教条主义者批判毛泽东"把古时的《三国演义》无条件地当作现代的战术；古时的《孙子兵法》，无条件地当作现代战略；更有好些博览的同志，拿半个世纪以前的曾国藩作为兵法之宝"。军事本身就是门综合性的学科，高超的军事指挥堪称艺术，一味空谈甚至照搬合乎规格的兵法理论，不仅不能打胜仗，还容易陷入致全军于死地的危险。教条主义者只看到毛泽东利用古书、杂书研习军事的浅层一面，没有看到他利用战争实践批判发展书本的"死理论"，不断提高军事造诣与成就一面。

（二）史书、杂书都蕴含兵学智慧

毛泽东研习军事，不仅限于兵学典籍，把史书、志书，乃至杂书当成兵书来读，甚至从古代小说、散文、诗歌和戏剧中吸收有关军事思想的营养，提炼作战原则，加以改造和发展，是他的独到之处。

《左传》是《春秋左氏传》的简称，是我国古代最早、最详备的以《春秋》为纲的编年体史书，相传为春秋末年左丘明所著。书中记载了春秋时代各国内政、军事、外交等方面的活动，对统治者之间的政治斗争、战争冲突及外交辞令的叙述，翔实且生动。在战争的刻画上，既记录了事件过程，又分析了影响战争结局的政治、经济、人心等诸多因素，极具思想性。

毛泽东从读私塾时起，便开始接触《左传》，十分喜读。到长沙读书后，仍然继续研读。在革命战争年代，他的言谈与著作中，经常引用《左传》中的成语典故及史事，单在《毛泽东选集》四卷中就可见 40 余条，可见他对《左传》内容的熟悉，分析的详尽以及他在军事思想、政治思想上所受《左传》影响之深。

例如，在《曹刿论战》一篇中，以精短的篇幅记叙了齐鲁长勺之战的全过程，毛泽东对其评价很高。1936 年，他在《中国革命战争的战略问题》中几乎引用了曹刿论战全文，着重就凭什么去作战和为什么追击，记叙了曹刿的论战思想，以此阐发了他对于战略退却的深刻理解。

在《论持久战》中，毛泽东以《左传》中晋楚城濮之战作例证，说明主观指导对战争的影响，用宋襄公不肯半渡而击，最终败于楚军的事例，嘲笑其"蠢猪式的仁义道德"，阐述了出其不意、战而胜之的道理。

1945 年，毛泽东还曾借《左传》中"退避三舍"的典故谈对国民党的军事策略。他指出："我们的方针：第一条，就是老子的哲学，叫做'不为天下先'，就是说，我们不打第一枪。第二条，就是《左传》上讲的'退避三舍'……就是你来了，我们让一下的意思。第三条，是《礼记》上讲的'礼尚往来'。来而不往非礼也，往而不来亦非礼也，就是说'人不犯我，我不犯人；人若犯我，我必犯人'"。①

《左传》行文简明，既是一部历史著作，也是一部优秀的散文著作。毛泽东从中汲取思想精要，引用时同样注重语言的精妙。这一点，秉承了《左传》的特色。

二十四史中记载了历朝历代的著名战争、战役，引起了毛泽东的强烈兴趣。毛泽东运用军事视角读二十四史，在阅读中圈点、批注之处比比皆是，反映了他读史知兵的学习路径。

《汉书·赵充国传》曾吸引毛泽东精细研读，他对赵充国的远见卓识、过人的胆略、善于坚持真理的品格十分敬佩，对他的军事才能、治边才略亦多有肯定。赵充国打仗时，重视侦察、备战，周密安排，并提出了"先为不可胜以待敌之可胜"，"以逸击劳，取胜之道"，"善战者治人，不治于人"等战术思想。在这些内容旁边，毛泽东都仔细圈画、标记。

读《三国志·张鲁传》，毛泽东曾写下大段批注。由此他认为，中国的历史就是一部阶级斗争史。中国封建社会历史的发展动力，是由农民的阶级斗争、农民起义和农民战争构成的。这对红军坚持工农武装割据，具有重要的现实指导意义。

读《南史》，他对韦睿的作战能力和作风特别赞赏。韦睿是梁武帝时的开国名将，他在对魏作战中，能够立足实际，善于抓住战机，灵活运用战术，因而屡立战功。韦睿"雅有旷世之度，征人以爱惠为本，所居必有政绩，将兵仁爱，士卒营幕未立，终不肯舍，并灶未成，亦不先食"，能与士兵共甘苦，作风廉洁，有古名将之风，深受将士爱戴。毛泽东读此批注："我党干部应学韦睿作风。"

_____

① 《毛泽东文集》第3卷，人民出版社1996年版，第326页。

《讲堂录》记下的军事人物有管仲、孙武、吴起、商鞅、张良、刘秀、曹操、孙权、诸葛亮、王导、谢安、陶侃、曾国藩、左宗棠、李鸿章等。

对史籍中所载的著名战例，特别是如晋楚城濮之战、楚汉成皋之战、韩信破赵之战、新汉昆阳之战、袁曹官渡之战、吴魏赤壁之战、吴蜀彝陵之战、秦晋淝水之战这样以少胜多、以弱胜强的战例，他更是谙熟于胸。

毛泽东很赏识南北朝时期臧质的军事才能，在读《南史·臧质传》时多有批注、圈画。在细致地分析了当时的历史背景和臧质的历次作战表现后，他并不认同《南史》作者李延寿对臧质"好乱之所致乎"的评价，认为，"臧质豪杰之士，一解汝南之围，二解盱眙之敌，三克刘劭之逆。梁山之战，刘义宣不听臧质之言，因以致败，惜哉"。这是以历史学者的严谨和战略家的卓识作出的客观评价。

对于书中所载的兵法战例，他反复认真阅读，并作了大量的批注，以汲取战争智慧，增添斗争的信心。成功在于积累。在他指挥人民军队在战场上取得以少胜多、以弱克强的胜利的背后，与他对古代战例的研究所取得的宝贵心得是分不开的。

史地不分家，古语有"治天下者以史为鉴，治郡国者以志为鉴"的说法。在湖南一师读书时，毛泽东"过细而有心得"地阅读了司马光的《资治通鉴》和顾祖禹的《读史方舆纪要》，浏览了不少地方志书，从中吸取了丰富的历史、地理和军事知识，也打下了阅读史地著作的基础。

谈到《资治通鉴》里关于战争的描述，他曾对身边的工作人员孟锦云说："《通鉴》里写战争，真是写得神采飞扬，传神得很，充满了辩证法。它要帮助统治阶级统治，靠什么？能靠文化？靠作诗写文章吗？古人说，秀才造反，三年不成。我看古人是说少了，光靠秀才，三十年、三百年也不行噢。"[①]

毛泽东喜读地方志书，喜看地图，一方面可以更加深入地了解各

①　卢志丹：《毛泽东品国学》，新世界出版社 2009 年版，第 66 页。

地方的风土人情，为指挥作战，指导经济建设提供信息；另一方面也是他的爱好。他青少年时代就喜欢到处游学，磨炼意志，开阔眼界。每到一地，他都要寻找当地的志书来读，战争年代如此，和平年代也如此。不仅要读省志、府志、州志、县志，对水利之类的书、著名景观的志也不漏过，而且要读各朝代的志书。通过阅读志书，他对地方的情况有了进一步的掌握，对有些地方人文情势的了解比长期在本地工作的官员了解的还多。

除阅读地方志书，毛泽东还喜爱看各类地图，不论军用地图、行政区划图、历史地图，他都十分珍视。战争年代，尽管环境艰苦，他仍想尽办法收集地图，为指挥作战服务。有时，从敌军手中缴获到印制精确的地图，常被当作最珍贵的战利品。他也总是利用一切时间研究地图，考虑行军路线、作战部署。地图是随身必带的物品。

新中国成立后，这一习惯未有改变。每当外出考察前，毛泽东都要找来地图册了解路线情况，增进对经过地区的了解。在部分地区的地图上，他还用红笔、蓝笔、黑笔多处圈画，构思当地发展。

由于毛泽东经常阅读史书，对辅助史书阅读的历史地图集有较高的要求。新中国成立前出版过的历史地图均较为简略，不堪所用。经吴晗提议，由谭其骧主持对杨守敬编绘的《历代舆地图》进行改绘。在毛泽东的关心过问下，8册本的《中国历史地图集》经过近30年的绘制，最终成功问世，为研读中国历史提供了一部详尽的地图工具书。

（三）批判汲取军事学养分，在战争中学习战争

军事思想的核心是相通的。对于军事理论，无论是中国的还是外国的，无论是马克思主义军事理论还是资产阶级军事理论，毛泽东都从实际出发，广采众收，批判继承，为我所用。

长征到达陕北后，为系统总结军事上的经验教训，毛泽东花大工夫研读了古今中外的军事学论著。不仅看了《孙子兵法》，还看了克

劳塞维茨的著作，日本人写的军事操典，还看了苏联人写的论战略、几种兵种配合作战的书，如《联合兵种》等。在这些书中，他精心研读了19世纪普鲁士的军事名著《战争论》。据毛泽东在读书笔记记载，他从1938年3月18日开始阅读这本书并作记录，一直记到4月1日，内容涉及战争的本质、战争的目的及手段、战争理论、战略等，对战争的本质尤其重视。从《论持久战》一文中，可以看出他对"战争是政治的继续"这一观点进行了批判性的吸收，并进一步深化了战争的目的，明确指出战争的目的就是"保存自己，消灭敌人"。

毛泽东不仅自己读《战争论》，还组织其他同志一起读，并组织了"克劳塞维茨《战争论》研究会"，吸收肖劲光、罗瑞卿、滕代远、莫文骅、叶子龙等参加，每周开一次会，交流学习《战争论》的体会。毛泽东还根据自己的学习体会讲了集中兵力问题和战略划分问题。这一时期，延安掀起了翻译和研究《战争论》的高潮。1939年7月，八路军《军政杂志》第7期刊载焦敏之译《克劳塞维茨〈战争论〉俄文版序言》，第12期和1940年第1、2期连载了何思敬的《列宁与克劳塞维茨》；八路军军政杂志社1939年10月出版杨作材译《列宁读〈战争论〉的笔记》，1940年11月出版夏光伟译《克劳塞维茨〈战争论〉附录》，1941年8月重印了瞿秋褆译《战争论》的全译本；《群众周刊》3卷第22期和4卷第9、15期连载傅大庆译"战争的重要原则""胜利的顶点""战争政治的工具"等章节。军事学术高潮的出现，是抗击国际法西斯的侵略，运用革命的军事理论反对反革命的军事理论的重要行动。同样可以看到，《战争论》对毛泽东军事科学理论的形成发挥的极为重要的作用。

毛泽东善于从各类书籍中获取军事养分，并能时时总结经验，在战争中学习战争，创立独特的军事思想，这是他不断指导军事斗争胜利的根本原因。

到长沙读书时，毛泽东有较好的条件阅读他所感兴趣的古典名著和中外历史小说，对于书中蕴含的军事问题，他重点记录，仔细思考。在他的《讲堂录》中，记录军事思想的条目比比皆是，如：

夫兵者，国之卫也，非强悍有力者不胜其任，尤非多受教育者不能有功。吾国士人既甚弱矣，则兵出于召募，而无赖鲜识之徒充其选，驱之临战，不待交而先溃，历年国受巨创者以此。

　　两军交绥，安者胜矣，骄则必败。

　　天下无所谓才，有能雄时者，无对手也。以言对手，则孟德、仲谋、诸葛尚已。

　　《老子》：天下莫柔弱于水，而攻坚强者莫之能先。

　　百战百胜，非善之善者也；不战而屈人之兵，善之善者也。故善用兵者，无智名，无勇功。

　　苏洵论曰，按言以责行，孙武不能辞三失：久暴师而越衅乘，纵鞭墓而荆怒激，失秦交而包胥救。言兵则吴劣于孙，用兵则孙劣于吴，矧祖其馀论故智者乎？

　　兼弱攻昧，取乱侮亡，天之道也。①

　　在苏区领导武装斗争，物资奇缺，更不用说书籍了，毛泽东失去了在书本中获得军事养分的条件，更多的是从战争这个大课堂中学习战争。

　　在井冈山的军事斗争中，弱小的朱毛红军摸索形成了"敌进我退，敌驻我扰，敌疲我打，敌退我追"的游击战原则，成为克敌制胜的法宝。1930年，红军开始由游击战向运动战转变。在这年10月30日召开的红一方面军前敌委员会扩大会议上，毛泽东第一次提出"诱敌深入"的战略方针。这是对"敌进我退，敌疲我打"原则的引申。会议决定，将主力红军开到赣江以东根据地广大区域作战，打破敌人速战速决的企图，待将其力量消耗殆尽，再一举歼灭。在这一有效的战略指导下，苏区红军经过奋战，不断扩大根据地，实力也与日俱增。但随后，由于"左"倾教条主义军事路线的错误压制，毛泽东失去军事指挥权。红军在错误的军事方针指挥下，以劣势装备抗击先进

　　① 中共中央文献研究室、中共湖南省委《毛泽东早期文稿》编辑组编：《毛泽东早期文稿》，湖南出版社1990年版，第585—586、581、587、595、596页。

装备之敌，实力不断受损，致使根据地的形势日益危困，最终踏上长征的道路。

遵义会议后，毛泽东重新取得军事指挥权，红军重新寻回机动灵活的战略战术，保留了中国革命的火种。红军长征到达陕北后，为了系统总结中国革命的经验教训，摆脱"左"倾教条主义军事路线的错误影响，阐明中国革命战争的战略问题，毛泽东集中研读过不少古今中外的军事学论著，并于 1936 年 12 月写成了《中国革命战争的战略问题》一文。在文中，毛泽东又丰富了他的军事思想，提出了战略防御的重要概念，并以《左传》中"曹刿论战"的事例予以说明，"春秋时候，鲁与齐战，鲁庄公起初不待齐军疲惫就要出战，后来被曹刿阻止了，采取了'敌疲我打'的方针，打胜了齐军，造成了中国战史中弱军战胜强军的有名的战例，请看历史家左丘明的叙述：……当时的情况是弱国抵抗强国。文中指出了战前的政治准备——取信于民，叙述了利于转入反攻的阵地——长勺，叙述了利于开始反攻的时机——彼竭我盈之时，叙述了追击开始的时机——辙乱旗靡之时。虽然是一个不大的战役，却同时是说的战略防御的原则。中国战史中合此而取胜的实例是非常之多的。楚汉成皋之战、新汉昆阳之战、袁曹官渡之战、吴魏赤壁之战、吴蜀彝陵之战、秦晋淝水之战等等有名的大战，都是双方强弱不同，弱者先让一步，后发制人，因而战胜的"。

毛泽东进而指出，"战略退却，是劣势军队处在优势军队面前，因为照顾到不能迅速地击破其进攻，为了保存军力，待机破敌，而采取的一个有计划的战略步骤"。

战略退却、战略防御思想是毛泽东军事思想的重要组成部分。它的形成，是毛泽东吸取并丰富、发展古代军事思想，在战争实践中再创造的结果。在抗日战争、解放战争乃至抗美援朝战争中都发挥了重要作用，成为我军由弱到强、取得一系列胜利的法宝之一。

毛泽东善于从各类书中获取军事养分，但从不拘泥于书本，总是根据实际情况进行发展与创造。例如，他在肯定吴起军队的"一可击十"和项羽军队的"以一当十"的勇敢精神的基础上，进一步提出了在战略上"以一当十"，而在战术上"以十当一"的战略战术原则。

再如，他在对项羽"先发制人"的战术加以改造和发展后提出"后发制人"的军事思想。

解放战争中，毛泽东在《目前的形势和我们的任务》中，系统地提出了十大军事原则，这些原则不仅指导解放战争由战略防御转入战略进攻，而且是具有普遍指导意义的军事原则，是毛泽东借助书本，并在长期的国内国际军事斗争中不断总结中国的战争经验而得来的。其内容有：（1）先打分散和孤立之敌，后打集中和强大之敌。（2）先取小城市、中等城市和广大乡村，后取大城市。（3）以歼灭敌人有生力量为主要目标，不以保守或夺取城市和地方为主要目标。保守或夺取城市和地方，是歼灭敌人有生力量的结果，往往需要反复多次才能最后地保守或夺取之。（4）每战集中绝对优势兵力（两倍、三倍、四倍，有时甚至是五倍或六倍于敌之兵力），四面包围敌人，力求全歼，不使漏网。在特殊情况下，则采用给敌以歼灭性打击的方法，即集中全力打敌正面及其一翼或两翼，求达歼灭其一部、击溃其另一部的目的，以便我军能够迅速转移兵力歼击他部敌军。力求避免打那种得不偿失的，或得失相当的消耗战。这样，在全体上，我们是劣势（就数量来说），但在每一个局部上，在每一个具体战役上，我们是绝对的优势，这就保证了战役的胜利。随着时间的推移，我们就将在全体上转变为优势，直到歼灭一切敌人。（5）不打无准备之仗，不打无把握之仗，每战都应力求有准备，力求在敌我条件对比下有胜利的把握。（6）发扬勇敢战斗、不怕牺牲、不怕疲劳和连续作战（即在短期内不休息地接连打几仗）的作风。（7）力求在运动中歼灭敌人。同时，注重阵地攻击战术，夺取敌人的据点和城市。（8）在攻城问题上，一切敌人守备薄弱的据点和城市，坚决夺取之。一切敌人有中等程度的守备，而环境又许可加以夺取的据点和城市，相机夺取之。一切敌人守备强固的据点和城市，则等候条件成熟时然后夺取之。（9）以俘获敌人的全部武器和大部人员，补充自己。我军人力物力的来源，主要在前线。（10）善于利用两个战役之间的间隙，休息和整训部队。休整的时间，一般不要过长，尽可能不使敌人获得喘息的时间。

他进一步指出，以上这些方法，是人民解放军在和国内外敌人长期作战的锻炼中产生出来，并完全适合我们目前的情况的。因为我们的战略战术是建立在人民战争这个基础上的，任何反人民的军队都不能利用我们的战略战术。在人民战争的基础上，在军队和人民团结一致、指挥员和战斗员团结一致以及瓦解敌军等项原则的基础上，人民解放军建立了自己的强有力的革命的政治工作，这是我们战胜敌人的重大因素。

1949年5月1日，柳亚子曾问毛泽东："没想到胜利会这么快，人民解放军很快渡江成功，并且占领了南京，我们不知道毛主席用的是什么妙计?"毛泽东回答："打仗没有什么妙计，如果说有妙计的话，那就是知彼知己，根据实际情况，做出正确的决策。"在指挥作战时重视对敌情报的获取，立足实际采用灵活机动的战术正是毛泽东用兵的特点。

毛泽东军事思想，不仅是中国人民解放军夺取胜利的指南，也是被压迫民族和被压迫人民战胜敌人，争取解放的思想武器。第二次世界大战后的世界革命史证明，亚、非、拉美等第三世界许多国家人民在谋求独立和解放的进程中，均十分重视研究和运用毛泽东军事思想。毛泽东的军事思想在世界广受赞誉，《纽约时报》曾称颂毛泽东的革命理论和实践"为地球上许多落后地区的革命树立了榜样"。芬兰的尤·帕基宁指出："毛泽东在战争问题上所作的贡献如同列宁在帝国主义问题上和马克思在资本主义问题上所作的贡献一样：他科学地探索了战争的规律。"[1] 英国的迈克尔·艾略特·巴特曼认为，"毛泽东是掌握打开这个时代军事奥秘之锁的全套钥匙的一个时代人物"[2]。美国的柯林斯在他的《大战略》一书中，将列宁、毛泽东和克劳塞维茨列为"具有革新思想的战略家"，认为毛泽东是革命战争的"主要理论家"[3]。这些评价证明了毛泽东军事思想巨大的影响力和在世界军事

---

[1]　许全兴、陈葆华、冯国瑞编：《国外毛泽东思想研究文选》，中共中央党校内部发行1987年版，第97页。

[2]　同上书，第306页。

[3]　廖国良、李士顺、徐焰：《毛泽东军事思想发展史》，解放军出版社2001年版，第46页。

思想体系中的高超地位。

　　纵观毛泽东的军事生涯，他无疑是胜利者，是凯旋者，但在他的心中，他真的追求战争吗？在他的眼中，战争是什么呢？在一次同郭沫若等人谈话时，他讲道，"打仗这东西实在把人害苦了，战争还要带来饥荒、瘟疫、抢掠……为什么要打仗哟！应该防止它，打不起来再好不过；可是光顾怕，也不行。你越怕，它就越要落在你头上。我们要着重反对它，但不要怕它。这就是辩证法"①。确实，面对战争，毛泽东始终坚持"人不犯我，我不犯人，人若犯我，我必犯人"的严正态度，不打则已，打则必胜，只有真正掌握了赢得战争的真谛，才能最终消灭战争。

---

　　①　毛应民：《毛泽东从〈三国演义〉中读出了什么》，《人民政协报》2010 年11 月 4 日。

重视经济·探索发展道路

新中国成立后，新生的社会主义政权在社会主义建设和发展道路上面临种种考验，经济发展水平亟须提升，作为党和国家的最高领导人，毛泽东开始反思社会主义建设中出现的问题，纠正已有错误，及时总结经验，探索发展规律。为了弥补自己在社会主义建设方面知识的短缺，通过有意识地阅读苏联社会主义建设经验相关著作，寻找社会主义建设规律，克服片面性、主观性和盲目性，增强自己对社会主义建设规律的预见性。

20 世纪 50 年代中后期，毛泽东集中阅读了苏联的政治经济学著作，目的是研究和思考社会主义"老大哥"苏联的建设经验和社会主义经济发展中的各种问题，主要阅读书目有斯大林《苏联社会主义经济问题》（1958）、《政治经济学教科书》下册（1959—1960），通过阅读这两本著作，毛泽东形成了一系列的观点，汇集在后来的"毛泽东读社会主义政治经济学批注和谈话"系列之中。在该系列中，他不仅对这两本著作有点评，有分析，还有自己独特的见解。

毛泽东之所以选择这几本著作的原因，参与了"毛泽东读书小组"的胡绳认为，"大跃进"中出现了许多问题，毛泽东想解决这些问题，急于要读马克思主义的理论，看一看苏联的经验。读书小组的林克也回忆，毛泽东读社会主义政治经济学，一是因为随着我国大规模经济建设的进行，毛泽东感觉到自己和党的领导干部政治经济学知识很缺乏，因此，他提倡领导干部要读书，学习经济建设理论；二是因为社会主义建设中出现了问题，人们存在一大堆混乱思想，毛泽东想通过读书来予以澄清。

由此可见，毛泽东所选择阅读苏联的几本政治经济学著作，并不是盲目的，而是有着很强的主观意愿和现实需要。

（一）读斯大林《苏联社会主义经济问题》

1952 年 2—9 月，斯大林暮年时期，为了系统总结苏联 30 多年社会主义建设的实践经验，撰写了题为《苏联社会主义经济问题》的理论著作。这部论著反映了斯大林对社会主义建设的探索，提出了一些有价值的理论观点，当然，也包括一些片面、主观甚至错误的观点。

《苏联社会主义经济问题》一书主要谈了五个方面的问题：

第一，该书阐明了社会主义制度下经济规律的客观性质。斯大林批评了有些经济学家认为社会主义国家可以创造经济规律的观点，指出经济规律反映客观经济发展过程的必然性，是不以人们意志为转移的。第二，提出了社会主义制度下还存在商品生产的问题。斯大林提出，在存在着生产资料的全民所有制和集体所有制两种公有制形式的条件下，还必须保留商品生产。但斯大林否认在社会主义制度下生产资料是商品，认为全民所有制内部不存在所有权的转移，所以不存在商品生产。第三，阐述了社会主义制度下价值规律作用的问题。斯大林指出，价值规律是商品生产的基本规律，社会主义条件下存在商品和商品生产，价值规律就一定要起作用。但价值规律在社会主义制度下是受到严格限制的，价值规律只对流通起调节作用，而对生产不起调节作用，只有影响作用。第四，阐述了社会主义基本经济规律的问题。社会主义的基本经济规律是用在高度技术基础上使社会主义生产不断增长和不断完善的办法，来保证最大限度地满足整个社会经常增长的物质和文化的需要。第五，阐述了社会主义政治经济学研究的对象问题。斯大林提出社会主义政治经济学研究的对象是生产关系，批评了 L. D. 雅罗申科用生产力组织学来代替社会主义政治经济学的观点。

毛泽东说："斯大林写的《苏联社会主义经济问题》，要好好读，要多读几遍。过去看这本书，不感兴趣，现在不同了。为了我们的事业，结合当前的实际问题，学习经济理论著作，比脱离实际专门读书，要好得多，容易懂。目前研究政治经济学问题，有很大的理论意义和现实意义。"[①] 这表明毛泽东选择阅读此书，其实是为了研究现实问题，补充经济理论知识方面的空缺。

1958 年 11 月 4 日，郑州工作会议上，毛泽东结合"大跃进"和人民公社化运动中遇到的困难和问题时说："我们研究公社的性质、交换、社会主义向共产主义过渡、集体所有制向全民所有制过渡这些问题，可以参考的材料还是斯大林那本《苏联社会主义经济问题》。"11 月 9 日，毛泽东写了《关于读书的建议》[②] 一文，号召各级党委要认真学习《苏联社会主义经济问题》等著作。内容如下：

同志们：

此信送给中央、省市自治区、地、县这四级党的委员会的委员同志们。

不为别的，单为一件事：向同志们建议读两本书。一本，斯大林著《苏联社会主义经济问题》；一本，《马恩列斯论共产主义社会》（《马恩列斯论共产主义社会》，即人民出版社一九五八年八月出版的《马克思恩格斯列宁斯大林论共产主义社会》）。每人每本用心读三遍，随读随想，加以分析，哪些是正确的（我以为

---

① 中华人民共和国国史学会编：《毛泽东读社会主义政治经济学批注和谈话》（简本），中华人民共和国国史学会 2000 年版，第 7 页。

② 中共中央文献研究室、中央档案馆编：《建党以来重要文献选编（1921—1949）》第 11 册，中央文献出版社 2011 年版，第 490—491 页。

这是主要的）；哪些说得不正确，或者不大正确，或者模糊影响，作者对于所要说的问题，在某些点上，自己并不甚清楚。读时，三五个人为一组，逐章逐节加以讨论，有两至三个月，也就可能读通了。要联系中国社会主义经济革命和经济建设去读这两本书，使自己获得一个清醒的头脑，以利指导我们伟大的经济工作。现在很多人有一大堆混乱思想，读这两本书就有可能给以澄清。有些号称马克思主义经济学家的同志，在最近几个月内，就是如此。他们在读马克思主义政治经济学的时候是马克思主义者，一临到目前经济实践中某些具体问题，他们的马克思主义就打了折扣了。现在需要读书和辩论，以期对一切同志有益。

为此目的，我建议你们读这两本书。将来有时间，可以再读一本，就是苏联同志们编的那本《政治经济学教科书》。乡级同志如有兴趣，也可以读。"大跃进"和人民公社时期，读这类书最有兴趣，同志们觉得如何呢？

毛泽东

一九五八年十一月九日于郑州

《苏联社会主义经济问题》一书，毛泽东读了好几遍，还评价说："我认为正确的方面是主要的，一、二、三章中有许多值得注意的东西，也有一些写得不妥当，再有一些恐怕他自己也没有搞清楚。不要轻易否定这本书。书要从头到尾读，要逐章逐节读，并且进行讨论。单看《有关的经济问题的意见》，不看后边的几封信，有些问题不易了解。"[1]

至于写的不妥的地方，毛泽东在郑州工作会议期间也有所指出。他在同与会人员交谈这本书的阅读心得时，批评了急于向全民所有制过渡和急于向共产主义过渡的错误。他说："全民所有制和集体所有

---

[1]　中华人民共和国国史学会编：《毛泽东读社会主义政治经济学批注和谈话》（简本），中华人民共和国国史学会2000年版，第7页。

制这两种形式的界限必须分清，不能混淆。社会主义和共产主义又是一个界限，也必须分清，不能混淆。"① 他认为"人民公社实际上最多也只是大集体所有制，同全民所有制还是根本不同的。即使将来把集体所有制过渡到全民所有制，搞成了单一的全民所有制，如国营工业那样，它的性质还是社会主义的，也还不能马上过渡到共产主义"。毛泽东还在谈话中批评了否定商品生产、价值规律、商品交换的错误。他认为"人民公社应该按照满足社会需要的原则，有计划地从两方面发展生产，既要大大发展直接满足本公社需要的自给性生产，又要尽可能广泛地发展为国家、为其他公社需要的商品性生产。通过商品交换，既可以满足社会日益增长的需要，又可以换回等价物资，满足公社生产上和社员生活上日益增长的需要。因此，人民公社要尽可能多地生产能够交换的东西，向全省、全国、全世界交换"。毛泽东还指出"只要存在两种所有制，商品生产和商品交换就极其必要，极其有用"。"他要求所有的经济单位，都要利用价值规律，作为经济核算的工具，以便不断地改善经营管理工作，合理地进行生产和扩大再生产，以利于逐步过渡到共产主义。"②

（二）读苏联《政治经济学教科书》

1958 年 11 月下旬，在中央宣传部的内部刊物上登载了中国科学院经济研究所整理的有关苏联《政治经济学教科书》（简称《教科书》）第三版的重要修改和补充的材料。毛泽东立即提议参加武昌会议的同志阅读，并指示给每人发一本《政治经济学教科书》。许多中央领导人如周恩来、刘少奇等都开始阅读这本著作。

1959 年 6 月底，毛泽东在去庐山出席中共中央政治局扩大会议的

① 中华人民共和国国史学会编：《毛泽东读社会主义政治经济学批注和谈话》（简本），中华人民共和国国史学会 2000 年版，第 29 页。

② 李景田主编：《中国共产党历史大辞典（1921—2011）》第 3 卷，中共中央党校出版社 2011 年版，第 193 页。

途中，给周恩来打电话商量召开庐山会议的相关问题时提道：人们的头脑有些发热，需要冷静下来学点政治经济学。6 月 29 日下午在武昌，毛泽东召集各协作区主任开会时指出："有鉴于过去许多领导同志，县、社干部，对于社会主义经济问题还不大了解，不懂经济发展规律，有鉴于现在工作中还有事务主义，所以应当好好读书……不规定范围，大家不会读。中央、省市地委一级委员，包括县委书记，要读苏联《政治经济学教科书》（第三版）。"①

1959 年 12 月 10 日到 1960 年 1 月 3 日，毛泽东指定陈伯达、胡绳、田家英和邓力群等几位同志和他一起读苏联《政治经济学教科书》（第三版）社会主义部分，边读边议，结合苏俄 42 年、新中国 10 年社会主义革命和建设的历史与现实，提出了许多重要的问题，发表了一系列超越前人、启迪后人的卓越见解，经邓力群等人进行整理，形成一个比较完整的近十万字的谈话记录。谈话内容涉及的范围非常广泛，包括哲学、经济学、科学社会主义、国际问题、当前国内的一些政策问题，以及对一些历史事件和历史人物的评价等。谈话录由毛泽东在读这几本书时的批注和谈话组成，极大地丰富和发展了马克思主义政治经济学，尤其是社会主义政治经济学的内容。

毛泽东在读书过程中，据不完全统计，插话批注 591 处，其中只有画线、符号等无文字的共 88 处，有些只作"对""赞成""同意"等肯定性的评价 64 处，有些则作"不对""不正确""不赞成""不同意""不对头""有问题""不好这么讲""不能这样讲"等否定性的评价共 30 多处。有时毛泽东针对书上的观点，联系我国社会主义革命和建设实际发表评论，有的长达三四千字，最长的一处达 4400 多字。全书共批注、插话 74000 多字。② 毛泽东的一系列观点，不仅总结了共产主义运动的特点和发展，也有对未来的思索，为社会主义建设积累了宝贵财富。

---

① 戚义明：《"大跃进"后毛泽东四次提倡领导干部学政治经济学》，《党的文献》2008 年第 3 期，第 85 页。

② 范湘涛、范贤超：《毛泽东读〈政治经济学教科书〉及其当代启示》，《毛泽东思想研究》2010 年第 6 期，第 8 页。

与毛泽东对《苏联社会主义经济问题》一书的评价一样，他对苏联《政治经济学教科书》中的一些观点也并不赞同。

例如，在谈到过渡时期的基本矛盾问题上，《政治经济学教科书》认为"日益成长的社会主义和已被推翻的但在初期还有力量、在小商品生产中还有基础的资本主义之间的矛盾——克服了。'谁战胜谁'的问题，无论在城市或农村中都'完全地、永远地'、有利于社会主义地解决了。为了社会主义经济形式取得胜利而制定的新经济政策，已经达到了自己的目的"。毛泽东认为这一观点"说得太死，不合乎实际"。

在社会主义国家间的关系问题上，《政治经济学教科书》认为"世界社会主义体系'没有一个参与国强迫对方接受他所不要的商品'，'不会有任何歧视和不等价交换'"。毛泽东则认为"不是那么一回事。事实上有卖肉带骨头的贸易，这是一种政治性的贸易"。他还进一步表明自己的观点："在国与国的关系上，我们主张，各国尽量多搞，以自力更生、不依赖外援为原则。自己尽可能独立地搞，凡是自己能办的，必须尽量地多搞。只有自己实在不能办的才不办。特别是农业，更应当搞好。吃饭靠外国，危险得很，打起仗来，更加危险。"

由于"政治经济学研究的对象主要是生产关系，但是，政治经济学和唯物史观难得分家。不涉及上层建筑方面的问题，经济基础即生产关系的问题不容易说得清楚"②，毛泽东对《政治经济学教科书》写法的总体评价："这本书的写法很不好，总是从概念入手。……教科书的写法，不是高屋建瓴，势如破竹，没有说服力，没有吸引力，读起来没有兴趣，一看就可以知道是一些只写文章、没有实际经验的书生写的。这本书说的是书生的话，不是革命家的话。他们做实际工作的人没有概括能力，不善于运用概念、逻辑这一套东西；而做理论工作的人又没有实际经验，不懂得经济实践。两种人，两方面——理论

---

① 《毛泽东文集》第8卷，人民出版社1999年版，第128—129页。
② 同上书，第138—139页。

和实践没有结合起来。"①

（三）毛泽东对中国社会主义道路的探索

总的说来，毛泽东读政治经济学的目的，是"使自己获得一个清醒的头脑，以利指导我们伟大的经济工作"。通过阅读苏联的经济著作，毛泽东没有照搬苏联社会主义建设的经验，而是在研读的过程中，对社会主义建设有了新的认识和看法，并紧密结合我国社会主义建设的实际，一再告诫全党要"以苏为戒"，以解决我国社会主义建设中出现的新情况、新问题。他从探索社会主义经济发展的规律入手，由经济而政治，思考了中国社会发展的诸多问题。

首先，积极探索社会主义经济发展道路和规律。

毛泽东认同斯大林提出的"不能把各个年度计划，五年计划和国民经济有计划、按比例发展的客观经济法则混为一谈，不能把可能同现实混为一谈"的观点，提出"要把可能变为现实，就必须认真研究客观经济规律，必须学会熟练运用客观经济规律，力求制定出能够正确反映客观经济规律的计划"②的观点。他明确指出："在我们这样的国家，完成社会主义建设是一个艰巨任务，建成社会主义不要讲得过早了。"③

毛泽东根据国内建设实际，反思苏联工业化道路的经验，旨在探寻一条适合中国国情的工业化发展道路。他主张经济计划是相对平衡的计划。指出："社会主义国家的经济能够有计划按比例的发展，使不平衡得到调节，但是不平衡并不消失，物之不齐，物之情也，因为消灭了私有制，可以有计划地组织经济，所以就有可能自觉地掌握和利用不平衡的客观规律，以造成相对的平衡生产关系适应生产力，或

① 《毛泽东文集》第8卷，人民出版社1999年版，第139—140页。

② 中华人民共和国国史学会编：《毛泽东读社会主义政治经济学批注和谈话》（简本），中华人民共和国国史学会2000年版，第12页。

③ 《毛泽东文集》第8卷，人民出版社1999年版，第116页。

者说它们之间达到平衡是相对的，生产力总要不断前进，所以总是不平衡、平衡和不平衡是矛盾的两个侧面，其中不平衡是绝对的，平衡是相对的。社会主义社会同样适用这个规律。计划工作中的各种平衡也是暂时的、过渡的、有条件的，因而是相对的。不能设想，有一种平衡是没有条件的，是永远适用的。"①

他还阐明了自己对共产主义过渡的观点："社会主义一定要向共产主义过渡。过渡到了共产主义的时候，社会主义阶段的一些东西必然是要灭亡的。就是到了共产主义阶段，也还是要发展的。"②

社会主义条件下，怎样认识经济发展规律？毛泽东说，人们认识规律要有一个过程。主要是处理好工业、农业和思想三方面的关系，提出社会主义建设的总路线，并抓住以钢为纲这一中心。他提到，社会主义经济规律是客观的必然性，要研究它。成都会议提出搞社会主义有两条路线，一条是轰轰烈烈，高高兴兴；一条是冷冷清清，慢慢吞吞。凡是主观、客观条件许可能够办到的事，就要鼓足干劲、力争上游、多快好省地去办；主观、客观条件不许可的事，就不要勉强去办。工农业并举之外，还提出大中小、洋土这样几个同时并举。这些，看来行之有效。八大二次会议正式通过了社会主义建设总路线，看来还灵。毛泽东特别强调要抓农业，同时还要注意人们的思想动态：抓钢铁的同时要抓农业，省、地、县都要负责，搞不好不行。如果农业无人负责，大家都拖到钢铁方面去，这不好。搞农业的要死心塌地搞农业，不要把农业丢掉了。毛泽东以苏联经验为戒，认为斯大林只提出了问题，没有回答问题，也没有提出主要矛盾和抓主要矛盾。

毛泽东结合苏联和中国的经验讲生产资料优先增长的发展规律。他说："生产资料优先增长的规律，是一切社会扩大再生产的共同规律。……斯大林把这个规律具体化为优先发展重工业。斯大林的缺点是过分强调了重工业的优先增长，结果在计划中把农业忽略了。前几

① 中华人民共和国国史学会编：《毛泽东读社会主义政治经济学批注和谈话》（简本），中华人民共和国国史学会 2000 年版，第 242—243 页。

② 《毛泽东文集》第 8 卷，人民出版社 1999 年版，第 108 页。

年东欧各国也有这个问题。我们把这个规律具体化为：在优先发展重工业的条件下，工农业同时并举。我们实行的几个同时并举，以工农业同时并举为最重要。"①

其次，研究社会主义生产力和生产关系。

毛泽东说："我们要以生产力和生产关系的平衡和不平衡、生产关系和上层建筑的平衡和不平衡，作为纲，来研究社会主义社会的经济问题。"可见，对生产关系和生产力的探讨，是研究社会主义经济问题的大前提。他同意斯大林对生产关系的解释，说："按照斯大林的说法，生产关系包括三个方面，即：所有制、劳动生产中人与人的关系、产品分配。"②

关于劳动生产中人与人的关系问题，毛泽东说：苏联教科书对社会主义制度下生产关系概括为"同志式的互助合作的关系"。这句话并没有接触到实质问题。毛泽东提出：所有制问题基本解决以后，最重要的问题是管理问题，即全民所有的企业如何管理的问题，集体所有的企业如何管理的问题，这也就是人与人的关系问题。这方面是大有文章可作的。他说中国在这方面作了很多文章，例如要领导者采取平等态度待人；一年、两年整一次风；进行大协作；对企业的管理，采取集中领导和群众运动相结合，工人群众、领导干部和技术人员三结合，干部参加劳动，工人参加管理，不断改革不合理的规章制度等。毛泽东把这些都归属为"劳动生产中人与人的关系"，认为这种关系是改变还是不改变，对于推进还是阻碍生产力的发展，都有直接的影响。

毛泽东本人没有脱离生产力来研究生产关系，而是联系研究生产力来研究生产关系。例如，在考察各主要资本主义国家生产关系的革命时，毛泽东说："当然，生产关系的革命，是生产力的一定发展所引起的。但是，生产力的大发展，总是在生产关系改变以后。拿资本

---

① 《毛泽东文集》第8卷，人民出版社1999年版，第121页。

② 中华人民共和国国史学会编：《毛泽东读社会主义政治经济学批注和谈话》（简本），中华人民共和国国史学会2000年版，第77页。

主义发展的历史来说，正如马克思所说的，简单的协作就创造了一种生产力。手工工场就是这样一种简单协作，在这种协作的基础上，就产生了资本主义发展第一阶段的生产关系。手工工场是非机器生产的资本主义。这种资本主义生产关系产生了一种改进技术的需要，为采用机器开辟了道路……"① 资本主义的生产关系"就资本主义社会本身来说，现在还能使生产力得到一定发展。但是，同社会主义制度比较起来，就很不优越，而且日益走向没落和完结"。

毛泽东研究并阐明了生产力和生产关系之间、生产关系和上层建筑之间不平衡的绝对性和平衡的相对性。他说："生产力和生产关系之间、生产关系和上层建筑之间的矛盾和不平衡是绝对的。上层建筑适应生产关系，生产关系适应生产力，或者说它们之间达到平衡，总是相对的。平衡和不平衡这个矛盾的两个侧面，不平衡是绝对的，平衡是相对的。如果只有平衡，没有不平衡，生产力、生产关系、上层建筑就不能发展了，就固定了。矛盾、斗争、分解是绝对的，统一、一致、团结是相对的，有条件的。有了这样的观点，就能够正确认识我们的社会和其他事物；没有这样的观点，认识就会停滞、僵化。"②

最后，书写富有中国特色的政治经济学。

斯大林在《苏联社会主义经济问题》中说："政治经济学的对象是人们的生产关系，即经济关系。"③ 毛泽东则从两个方面来拓展政治经济学的研究范围。他说："政治经济学研究的对象主要是生产关系，但是要研究清楚生产关系，就必须一方面联系研究生产力，另一方面联系研究上层建筑对生产关系的积极作用和消极作用。"④ 究竟如何书写政治经济学？

毛泽东心中有理想的政治经济学论述方式，就是"从所有制出

---

① 中华人民共和国国史学会编：《毛泽东读社会主义政治经济学批注和谈话》（简本），中华人民共和国国史学会 2000 年版，第 142 页。

② 同上书，第 59—60 页。

③ 斯大林：《苏联社会主义经济问题》，人民出版社 1971 年版，第 58 页。

④ 中华人民共和国国史学会编：《毛泽东读社会主义政治经济学批注和谈话》（简本），中华人民共和国国史学会 2000 年版，第 81 页。

发，先写生产资料私有制变革为生产资料公有制，把官僚资本主义私有制和民族资本主义私有制变为社会主义公有制；把地主土地私有制变为个体农民私有制，再变为社会主义集体所有制；把个体的手工业变为社会主义集体所有制。然后，再写两种社会主义公有制的矛盾，以及这个矛盾发展的趋势和解决的办法，社会主义集体所有制如何过渡到社会主义全民所有制"①。

实际上，毛泽东阅读苏联政治经济学著作，结合中国国情，产生了许多思考。如社会主义制度下的商品生产、价值规律、收入分配、货币流通等经济问题，也有无产阶级革命、建立政权等问题，值得注意的是，毛泽东还将他的世界眼光融入思考中，通过比较，揭示了资本主义制度的弊端，阐释了社会主义制度和生产方式的优越性。在肯定苏联建设取得成就的同时，并未一味赞扬或批评，而是重在探索、比较，努力发掘具有中国特色的经济政治发展的道路。

① 中华人民共和国国史学会编：《毛泽东读社会主义政治经济学批注和谈话》（简本），中华人民共和国国史学会 2000 年版，第 77—78 页。

七

放眼国际·拓宽视野格局

国际问题与国内问题紧密相连，毛泽东在青年时，目睹国弱民贫，满怀忧患意识与救国救民的使命感，抨击时弊，坚定反对帝国主义侵略。新中国成立前，他全身心投入到反帝反封建中，寻求民族独立。新中国成立后，他带领新中国立足社会主义阵营，营造国家安全环境，并联合广大第三世界国家，反对霸权主义。在毛泽东的不同时期，始终关注着国际局势的演变，注重运用先进的革命理论指导中国革命。在他的国际战略思维中，始终以国家的独立自主为取向。在他指导的国际交往与斗争实践中，闪烁着智慧与思想的光芒。

（一）做开眼看世界的青年

在毛泽东的少年时代，正值清末民初，列强的侵略日益加深，局势激荡，变化剧烈。生长在韶山乡间的毛泽东，对外界的了解多出自早期改良主义者的著书。1907—1908 年，毛泽东停学在家务农，劳作之余，他尽力找来书籍，常阅读到深夜。读到郑观应的《盛世危言》，他看到了西方的先进和中西之间的差距。读到冯桂芬的《校邠庐抗议》，书中讲到外国的侵略和清政府的腐败，提出中国何以不如夷的疑问和富国强兵的主张，引起毛泽东的深思。他还读到一本《列强瓜分之危险》的小册子，感受到列强侵略带给中国的巨大危险，深受震动。毛泽东读了这些书，开阔了眼界，对国家前途感到忧虑，他开始认识到：国家兴亡，匹夫有责。

在湘乡东山学堂，毛泽东尽力寻找、阅读学校能找到的所有书籍。他从萧三那里借到一本《世界英雄豪杰传》，便如饥似渴地阅读起来，他对书中华盛顿、彼得大帝、惠灵顿、格兰斯顿、卢梭、孟德斯鸠和林肯的传记格外痴迷，由这些豪杰的奋斗历程，他想到中国的贫弱和救国的责任。他对萧三说，中国也要有这样的人，我们应该讲求富国强兵之道，顾炎武说得好，天下兴亡，匹夫有责。他为自己取别名"子任"，反映了他以挽救国家民族危亡为己任的志向。

在湖南省立第一中学求学时，省立图书馆是毛泽东风雨无阻读书自学的地方。图书馆地处幽静，藏有大量中外报刊书籍。在这里，毛泽东废寝忘食，广泛涉猎之前未接触过的西方启蒙经典、社会科学与自然科学的著作，他阅读了亚当·斯密的《原富》、孟德斯鸠的《法意》、卢梭的《民约论》、约翰·穆勒的《穆勒名学》、赫胥黎的《天演论》和达尔文的《物种起源》，还读了一些俄、美、英、法等国的历史、地理书籍，以及古代希腊、罗马的文艺作品。在这里，他第一次看到《世界堪舆大地图》。这幅世界地图冲击了他的眼界和世界观。他每日驻足观看，以很大的兴趣了解中国与世界的联系，联想中国与外国的差距。

在所读书中，严复所译英国生物学家赫胥黎的《天演论》中"物竞天择，适者生存"的观点令毛泽东尤感兴趣。严复指出，不同种族之间，也存在着残酷的竞争，在这场国力大竞争中，国力雄厚者就会获胜，得以生存；国力衰弱者只能是灭亡。……欧洲国家之所以能够侵略中国，就是因为它们能不断自强，不断提高"德、智、力"。……在国际生存竞争中，中国正处在亡国灭种的严重关头！是愿意做亡国奴呢？还是愿意力争自强呢？应该有所抉择！严复的观点引起毛泽东的强烈共鸣与深思，更加激发了他探求真理的使命感。

1936 年，毛泽东同斯诺谈起这段经历，感慨这段集中的读书生活使他对世界历史和西方现实有了更深入的认识，对他眼界的开阔和世界知识的丰富起到了关键的作用。

毛泽东涉猎广泛，不仅对中国历史相当熟悉，他对世界历史也具有强烈的阅读兴趣，因此对世界历史上很多重要事件，特别是与革命有关的事件可以说是了如指掌。他读过法国历史学家马迪厄写的《法国革命史》、英国作家威尔斯的《世界史纲》等，熟悉法国革命史。法国前驻中国大使马纳克说："毛泽东对法国18世纪以来的历史，对于法国革命，对于19世纪相继进行的革命，对于巴黎公社，都有深刻的了解。他认为法国革命是一个很重要的历史性运动的起点。此外，他对于波拿巴也特别了解，甚至了解那些细节问题。"①

拿破仑·波拿巴，法国政治家和军事家，法兰西第一帝国皇帝。滑铁卢战役后，拿破仑被流放到圣赫勒拿岛，并病死于此。《拿破仑传》是毛泽东喜欢阅读的外国名人传记之一，通过阅读相关书籍，他对拿破仑的政治生涯和战史到了极为熟悉的程度。

青年时代的毛泽东，关心时政，但在当时的中国，目睹更多的是国弱民贫、列强横行。1915年5月9日，袁世凯接受日本的"二十一条"要求，激起全国人民的愤怒。湖南第一师范学校教员石润山将此事始末及日本侵华数十年史实，及灭亡朝鲜、越南王国惨状等写成7篇文章并附资料，辑成一书，名为《明耻篇》，由一师学生集资刊印，以揭露袁世凯卖国罪行，陈述救国方法，号召民众不忘国耻，挽救民族与危难。毛泽东仔细阅读了《明耻篇》，并作批注、跋语。在书的封面上，他还写下了"五月七日，民国奇耻。何以报仇？在我学子！"以表达其报国雪耻的决心。

毛泽东通过订阅报刊了解国内外时事，《新青年》《甲寅》等都是他常看的读物，不够看时，他还经常向人借阅报纸、杂志。他阅读时，常备有地图、字典和笔记本，会根据报纸内容提到的地名查找地图，碰到疑难字就查字典，遇有重要消息、文章、资料，都要在笔记本上做好摘记，写上心得。有时，他还在报纸的空白处，写上文中提到的

① 陈晋：《毛泽东读〈拿破仑传〉》，《学习时报》2013年8月5日。

城市、港口、山岳、江河的名称，并注上英文。有同学询问他为何这样做，他解释说，这是一举三得，既明了时事，又熟悉了地理，还可学习英文。毛泽东对时事的关注与好学精神可见一斑。

（二）关注外部局势，用先进理论指导中国革命

从少年时开始阅读时政著作使毛泽东养成这样的习惯，即看待问题不仅要了解事情的真实状况，还要知道事情的来龙去脉，从历史中汲取智慧，利用先进的理论指导问题的解决。

1938 年，第二次世界大战爆发在即，德国对苏联的侵略已箭在弦上，毛泽东敏锐地觉察到这一点，在《论持久战》一文中讲到了 1812 年拿破仑发动进攻俄国的战争。他说："历史上，俄国为避决战，执行了勇敢的退却，战胜了威震一时的拿破仑。中国现在也应该这样干！"1942 年 10 月，他在《第二次世界大战的转折点》一文中讲到斯大林格勒保卫战胜利的意义时提到 1812 年战争，说："拿破仑的政治生命，终结于滑铁卢，而其决定点，则是在莫斯科的失败。希特勒今天正是走的拿破仑道路，斯大林格勒一役是他的灭亡的决定点。"

在中国革命的各个时期，始终关注世界局势变化，依据形势走向制定政策，引导革命方向，实事求是，是中国共产党的一贯作风。在理论指导上，早在 1930 年井冈山时期，毛泽东就提出："马克思主义的'本本'是要学习的，但是必须同我国的实际情况相结合。我们需要'本本'，但是一定要纠正脱离实际情况的本本主义。"①

延安时期，毛泽东从世界革命的大背景出发，思考并寻找关于殖民地半殖民地国家进行民主革命以及由民主革命向社会主义革命转变的理论，以指导中国革命。这一时期，他较为集中地阅读了马、恩、列、斯的著作，尤其喜读列宁的著作。他从列宁的著作中吸取马克思主义哲学思想和革命的理论，《两个策略》是列宁 1905 年旅居日内瓦

---

① 《毛泽东选集》第 1 卷，人民出版社 1991 年版，第 111—112 页。

时所著，书中完整地提出了无产阶级在民主革命中领导权的学说、以工人阶级为领导的工农联盟的学说和资产阶级民主主义革命转变为社会主义革命的学说。这些内容极适用于中国共产党领导的中国革命，毛泽东认真地读了一遍又一遍，从中汲取养分。1945年4月24日，他在中共七大的口头政治报告中直接引用了《两个策略》的内容，以说明对待资本主义的正确态度。

　　为在新的国际形势下开辟新的革命前途，毛泽东对斯大林的著作给予了较大的关注，不仅阅读较多，并常常引用。1937年5月，中国共产党在延安召开全国代表会议，推动抗日民族统一战线的形成。毛泽东在讲话中对一些同志在"和平问题""民主问题""革命前途问题"上的不正确认识做了回答，进一步论述了当时的中心任务。他引用斯大林《论列宁主义基础》的语言，指出"我们是革命转变论者，主张民主革命转变到社会主义方向去"。在这一过程中，亟需好的干部，他强调"我们党的组织要向全国发展，要自觉地造就成万数的干部，要有几百个最好的群众领袖。这些干部和领袖必须懂得马克思列宁主义，有政治远见，有工作能力，富于牺牲精神，能独立解决问题，在困难中不动摇，忠心耿耿地为民族、为阶级、为党而工作"。他引用斯大林在克里姆林宫的一次讲话说明干部问题的重要："干部决定一切。"1939年10月，毛泽东在《〈共产党人〉发刊词》中，引用斯大林的《论中国革命的前途》所说"在中国，是武装的革命反对武装的反革命。这是中国革命的特点之一，也是中国革命的优点之一"来说明中国革命的主要斗争形式问题。1942年11月下旬，在西北局高干整风会上，毛泽东结合中国共产党的实际讲解了斯大林《论布尔什维克化十二条》，他指出，这12条很值得我们好好地研究。这是我们全党的"圣经"。是"圣经"，而不是"教条"，是可以变化的。中国革命是走了俄国人的路，可又是走了农村包围城市的路；中国共产党是以俄国布尔什维克党为榜样的，可这又是一个武装斗争时间最长、农民成分最多、党员数量最大的党，因而不能不具有自己的创造性和中国特色。从毛泽东的观点中不难看出，他既认同这12条的指导意义，同时又结合中国革命的实践对它的内涵进行了发展，因而使之更加具有实事求是的意味。

对于《联共（布）党史简明教程》这本书，毛泽东读了不下 10 遍，将其推荐给广大党员干部认真学习。1942 年 3 月，他在中央学习组作《如何研究中共党史》的报告中，提出研究中共党史应运用"古今中外法"，应以中国为中心，研究中国特点，并借鉴《联共（布）党史简明教程》中的马克思主义理论和方法，"要把马、恩、列、斯的方法用到中国来，在中国创造出一些新的东西"。在延安整风学习期间，他多次谈到此书，并将该书的结束语作为整风学习文件。1945 年 4 月 24 日，毛泽东在中共七大上作口头报告时将此书列为全党学习的 5 本马列著作之一。

1938 年 10 月，毛泽东在中共六届六中全会的政治报告中指出："马克思列宁主义的伟大力量，就在于它是和各国的具体革命实践相联系的。对于中国共产党说来，就是要学会把马克思列宁主义的理论应用于中国的具体环境。……马克思主义在中国具体化，按照中国的特点去应用它，成为全党亟待了解并亟需解决的问题。"从中可见，毛泽东在指导中国革命的过程中，始终注重国际局势的演化，注重将先进理论同中国的现实相联系。

（三）学外语有助于加深对国际问题的认识

毛泽东学习外语，从青年坚持到老年。学外语，既是他的一种兴趣，也是放松的方式，有助于开阔视野，加深对国际问题的认识。

毛泽东在青年时接触、学习过英语，在延安时也曾自学，但限于条件，并未达到系统掌握的程度。新中国成立后，具备了学习的条件，毛泽东开始将学习英语列为重要的学习内容来对待。初期，由于掌握的单词和短语还不多，他首先从阅读英文版《人民中国》、《北京周报》、新华社的新闻、通讯、时事评论和政论文章入手，后来逐步扩展到《矛盾论》《实践论》《莫斯科会议宣言》的英译本。1960 年，《毛泽东选集》第四卷出版后，毛泽东给他的国际问题秘书林克写信：

"选集第四卷英译本，请即询问是否已经译好，如已译好，请即索取两本，一本给你，另一本交我，为盼!"《莫斯科会议声明》发表后，同年12月17日，他又写信给林克："莫斯科声明英译本出版了没有？请你找两本来，我准备和你对读一遍。"①

随着掌握的英语词汇的增加，毛泽东开始阅读一些马列主义经典著作的英译本，如《共产党宣言》《哥达纲领批判》《政治经济学批判》以及一些讨论形式逻辑的文章的英译本。由于他对这些文章和著作的内容较为熟悉，所以学习时可以把注意力更多地放在句型的变化和句子结构以及英语词类的变化上。有些文章和经典著作，他学习过多遍。《矛盾论》的英译本他就先后学习过3遍并在封面内页记下了3次阅读的时间。他反复学习是为了加强记忆和加深理解。

在学习马列主义经典著作英译本时，毛泽东遇到过不少困难。因为这些经典著作英译本的文字比一般政论文章的英文要艰深些，生字也多些。但毛泽东不畏困难。1959年1月，一位外宾问他学习英语的情况时，他说，在一字一字地学。若问我问题，我勉强答得上几个字。我要定5年计划，再学5年英文，那时可以看点政治、经济、哲学方面的文章。现在学了一半，看书不容易，好像走路一样，到处碰石头。很麻烦。他曾对林克说过，要"决心学习，至死方休"。他还诙谐地说："我活一天就要学习一天，尽可能多学一点，不然，见马克思的时候怎么办？"②

为了学习英语的生活用语，毛泽东还阅读过《基础英语》和《中国建设》等。在1961年到1964年，他还找到《初中英语》《中级英语》课本、《英语学习》杂志、外语学院编的《英语》修订本、北京大学英语系编的《英语教材》和《英语语法》等书来学习。

毛泽东学英语，身边经常备着两部字典，一部英汉字典，一部汉英字典，以利查阅。每次到外地视察工作时，也都带着字典。为了节

---

① 《人民日报》海外版，2002年8月23日第8版。

② 龚育之、逄先知、石仲泉:《毛泽东的读书生活》，生活·读书·新知三联出版社1986年版，第221页。

省他的时间，秘书林克常常事先代他查好字典，找出他未学过的单词。但是他往往还要亲自看看字典上的音标和注解，丝毫不放松学习的过程。为了学习英语的需要，自 1961 年到 1964 年，他多次要过各种辞典和工具书，如《英华大辞典》（郑易里、曹成修主编）、《汉英字典》（美国出版）、《英汉字典》《现代汉英辞典》（王云五校订，王学哲编辑，商务印书馆出版）、《中华汉英大辞典》《综合英汉大辞典》增订本（商务印书馆 1948 年版）、《汉英分类词汇手册》（北京外国语学院编）、《汉英时事用语词汇》等。对当时收集到的汉英辞典，他都不满意，曾希望能出版一部好的汉英辞典。至今，在中南海毛泽东的居住地仍然保存着他生前用过的《世界汉英字典》（盛谷人编，世界书局 1935 年版）和《英汉四用辞典》（詹文浒主编，世界书局 1939 年版）等。

毛泽东讲话时湖南口音很重，有些英语单词发音不准。他就让林克领读，他跟读。有时，他自己再练习几遍，请林克听他的发音是否合乎标准，纠正他发音不准的地方，以便他掌握发音要领。遇有生疏的单词或短语，在林克领读、解释字义和解释语法结构之后，他便用削得很尖的铅笔，在单词上注明音标，并在书页空白的地方，用密密麻麻的蝇头小字注明每个单词和短语多种不同的字义。在《共产党宣言》和《矛盾论》英译本上，他从第 1 页到最后 1 页，都作了详细的注。直到晚年，每当他重读一遍时，就补注一次。后来，由于他年事已高，视力减退，不能用蝇头小字，而改用大字作注了。

语言总有相通之处，毛泽东在学英语的过程中，注意将英语与汉语联系起来学。他对汉语的起源、语法、修辞都有深刻的了解，常常喜欢把英语同汉语的语法、修辞作比较，或者提出问题进行讨论。按照毛泽东的设想，他还想学些日语。后来由于他工作极为繁忙，学习日语的愿望未能实现。

毛泽东在学习英语的过程中，表现出了极大的毅力并且善于利用时间，利用各种工作间隙开展学习。他常说："要让学习占领工作以外的时间。"这里的学习固然是指读书，但也包含积极休息的意思。他利用业余时间学英语，是他的一种特殊的休息。1959 年 1 月，他接见巴西外宾说："学外文好，当作一种消遣，换换脑筋。"他经常在刚刚起床，在入睡之前，在饭前饭后，在爬山、散步中间休息时，以及游泳之后晒太阳时学英语。1959 年 11 月，他在杭州休息时，兴致很高，接连攀登了多个山峰，在攀登途中，他还利用停下略作休息的间隙学习英语。20 世纪 50 年代到 60 年代，是毛泽东学英语兴致最高的时候。他在国内巡视工作期间，无论是在火车上还是在轮船上，随时都挤时间学英语。有时哪怕只有个把小时也要加以利用。即使在飞机上的短暂时间或者出国访问期间，他学习英语的兴致也丝毫不减。1957 年 11 月，他到苏联参加莫斯科会议，当时住在克里姆林宫，有时早上天色未明，他就让秘书林克同他一起学英语。在会议期间，英语学习没有中断过。

毛泽东对学习外语高度重视，不仅自己学，还多次提倡党员领导干部学习外语。1958 年 1 月，他建议在自愿的原则下，中央和省市的负责同志学一种外国文，争取在 5 年到 10 年的时间内达到中等程度。1959 年庐山会议初期，他重申了这一建议。在 70 年代，他还提倡 60 岁以下的同志要学习英语。

学习英语与观察国际形势是分不开的。毛泽东凭借对国际事务的了解和对世界历史知识的熟悉，常从战略高度考虑问题，对未来表现出明晰的预见性。1957 年 12 月 12 日，在戴高乐当政之前 5 个月，毛泽东就非常关注欧洲中立主义的发展。他说，要继续进行观察。1958 年 5 月戴高乐当政时，国际舆论大多认为欧洲的政局将向右转。但毛泽东明确指出，戴高乐当政有利于欧洲中立主义的发展。后来的历史发展证明了他的论断是正确的。

毛泽东通过报刊了解国际情况和国际知识。一天几万字的《参考资料》是他每日必看的重要刊物，像读书一样地圈点批画。毛泽东十分重视这个内部刊物，是他制定国际战略和对外政策的重要参考材料之一。有重要内容的，常常批给别人去看或印发会议。他除了看重要新闻，对《参考资料》刊登的西方资产阶级政治活动家的回忆录，也很有兴趣。他说，这些回忆录里写了许多过去我们不知道的帝国主义国家内部的矛盾和斗争的情况，很值得看看。毛泽东对国外情况的熟

悉，常常使得一些著名外国记者为之惊讶。1960 年，斯特朗在回忆她
1946 年同毛泽东的那次谈话时说："他首先问我美国的情况。美国发
生的事有许多他知道的比我还详细。这使我惊讶……他像安排打仗的
战略那样仔细地安排知识的占有。……主席对世界大事的知识是十分
完备的。"毛泽东对于纷纭复杂的国际形势发展趋势的预见性和观察
国际动向的敏锐性，同他认真地、一天也不间断地阅读和研究大量国
际问题资料，是分不开的。

（四）独创国际战略思想

时至今日，毛泽东所创立的指导国际交往的一系列战略思想深受
各国政治家、战略家、学者的重视，为其高屋建瓴的观点和大无畏的
气概所折服。若推而论之，毛泽东的国际战略思想是建立在国际斗争
实践的基础上，通过经验总结、理论升华而来，而且，在深邃的思想
背后，总有毛泽东从书本中获得的感悟。

毛泽东对国际斗争有着十分深刻的理解，国际斗争不仅仅需要实
力，更需要智慧，要在斗争中为自己增添勇气，使敌人丧失斗志。
《聊斋志异》这部清朝的短篇小说集虽然装载着一个个离奇诡谲的鬼
怪故事，但在他的眼中，却蕴含着极有价值的思想，不仅涉及人际关
系，还可应用于现实的国际斗争中。

20 世纪 50 年代，美国虽然在朝鲜战争中败北，但并未放弃与中
国为敌，想尽办法遏制中国，在东亚动作不断。在毛泽东的领导下，
中国军民团结一致，针锋相对，化解危险。1959 年 4 月，毛泽东联系
台海的局势和与美国的关系谈了读《聊斋志异》里"狂生夜坐"的故
事引发的思考。

故事说，有一天晚上，狂生坐在屋中，一个鬼从窗外把头探进屋
内，舌头伸得老长，很难看。狂生把墨涂在脸上，涂得像鬼一样，也
伸出舌头，望着鬼，一连三个小时，后来鬼没办法，就跑了。毛泽东
做出炮击金门的决策背后就有这样的道理在里面。他曾说："第一，我

们不要打，而且反对打……第二，但是我们不怕打，要打就打。"①

毛泽东认为："《聊斋志异》的作者告诉我们，不要怕鬼，你越怕鬼，你就不能活，他就要跑进来把你吃掉。我们不怕鬼，所以炮击金门、马祖。这一仗打下去之后，现在台湾海峡风平浪静，通行无阻，所有的船只不干涉了。"他还说："美帝国主义不是很大吗？我们顶了他一下，也没啥。所以世界上有些大的东西，其实并不可怕。"②

50 年代末，帝国主义国家和国际上的反华势力联合掀起反华浪潮。毛泽东提出要编一本《不怕鬼的故事》，他还亲自动笔修改书稿序文，增加了这样一段："难道我们越怕鬼，鬼就越喜欢我们，发出慈悲心，不害我们，而我们的事业就会忽然变得顺利起来，一切光昌流丽，春暖花开了吗？"另一处增加了："事物总是在一定条件之下，向着它的对方交换位置，向着它的对方转化的。"毛泽东还对何其芳说："你这篇文章原来的政治性很强，我给你再加强一些。我是把不怕鬼的故事作为政治斗争和思想斗争的工具。"1961 年 1 月 24 日，毛泽东在何其芳的修改稿上对上次增加那句进行了修改，改成："事物总是在一定条件下，通过斗争同它的对方交换位置，向着它的对方转化的。"意在说明事物的转化除了其他条件外，还需"通过斗争"这个条件，这是毛泽东根据当时国际斗争总结出的重要经验。

毛泽东在读苏联《政治经济学教科书》的谈话中提出，郑庄公这个人很厉害，他对国内斗争和国际斗争都很懂得策略，"《东周列国志》值得读一下。这本书写了很多国内斗争和国外斗争的故事，讲了很多颠覆敌对国家的故事，这是当时社会的剧烈变化在上层建筑方面的反映。这本书写了当时上层建筑方面复杂的尖锐斗争，缺点是没有写当时的经济基础，当时的社会经济的剧烈变化"③。毛泽东运用历史唯物主义的分析方法看待《东周列国志》，希冀从中探求国与国之间的斗争问题。

---

① 《毛泽东文集》第 7 卷，人民出版社 1999 年版，第 412 页。

② 徐文钦：《毛泽东读书治国》，中央文献出版社 2008 年版，第 366 页。

③ 《毛泽东读苏联〈政治经济学教科书〉谈话记录选载（六）》，《党的文献》1994 年第 5 期，第 5 页。

"丢掉幻想，准备斗争"是毛泽东面临威胁时的一贯态度。人不犯我，我不犯人，人若犯我，我必犯人。该斗则斗，不斗争国家就不会安宁，不斗争就不能抵御外侮。毛泽东始终以和平的姿态面对友好的国际朋友，以毫不退让，坚决斗争的姿态面对国际对手的无理挑衅。对日本如此，对美国如此，对奉行霸权主义的苏联亦是如此。20世纪60年代中苏交恶后，中国在与苏联的斗争中毫不退让，坚持立场，维护民族尊严和国家安全，即使面对以一敌二的险恶国际政治环境，毛泽东依然举重若轻，从容应对，他始终抱有斗争的自信，这种自信是从书本上，从斗争实践中取得的。

　　毛泽东反对对贫苦人的压迫，同情那些受苦受压迫的人。他同斯诺谈到1910年长沙饥民抢米暴动遭清政府镇压时说，"这件事影响了我的一生"，"始终忘不掉"。他还曾与同学们议论1866年当地哥老会首领彭铁匠造反而被捕斩首的事，都觉得彭铁匠"是一个英雄"，"都同情这次起义"。

　　他赞赏《西游记》中的孙悟空敢作敢为，勇于同各种妖魔鬼怪作斗争的性格。1945年，毛泽东赴重庆谈判，为推进谈判进程，对待陈立夫这样的右派分子，他努力争取。在谈到国民党10年的反共政策时，他以孙悟空比喻共产党，提出："我们上山打游击，是国民党剿共逼出来的，是逼上梁山。就像孙悟空大闹天宫。玉皇大帝封他为弼马温，孙悟空不服气，自己鉴定是齐天大圣。可是你们连弼马温也不让我们做，我们只好扛枪上山了。"①

　　仔细梳理毛泽东的国际斗争经历和外交实践指导，有三个方面的思想贡献较为突出，是他国际战略思想的重要组成部分：

　　第一，独立自主思想。独立自主、自力更生，是以毛泽东为代表的中国共产党人在领导中国革命和建设的实践中，逐步摸索形成的具有普遍指导意义的思想与原则，成为新中国重要的外交方针。1949年6月，毛泽东在新政治协商会议筹备会上讲演时明确指出："中国必须独立，中国必须解放，中国的事情必须由中国人民自己作主张，自己

① 《重庆谈判资料》，人民出版社1980年版，第119页。

来处理，不容许任何帝国主义国家有一丝一毫的干涉。"从新中国成立后毛泽东指导的外交实践可以看出，中国独立自主的和平外交政策旨在不结盟，并独立自主地判断国际事务和处理国际问题，根据事务本身的是非曲直来决定自己的立场。

第二，和平共处思想。今天，和平共处五项原则作为中国外交的一张"名片"为世人所熟知，它来源于新中国成立前毛泽东在新政治协商会议筹备会上提出的对外关系原则。以这一原则为基础，在中国人民政治协商会议正式通过的《共同纲领》中明确规定了新中国的外交政策原则：保障本国独立、自由和领土完整，拥护国际的持久和平和各国人民间的友好合作，反对帝国主义的侵略政策和战争政策。在中国处理与不同社会制度国家关系时，上述外交原则进而演化形成和平共处五项原则，成为被世界普遍承认的国际关系准则。

第三，"三个世界"理论。20世纪60年代，美苏主导的两极格局有松动迹象，广大亚、非、拉美国家寻求民族独立的运动日益高涨，随着殖民主义体系的瓦解与不结盟运动的兴起，毛泽东创立了"三个世界"理论。他将美、苏两个超级大国划为第一世界，将亚、非、拉美等地区的发展中国家划为第三世界，将剩下的中间力量划为第二世界，明确指出中国属于第三世界。这一理论的提出，清晰地表明了中国的国际角色与定位，对实现中国的外交战略目标具有重要的指向性意义，为改善中国外交关系，营造良好的发展环境提供了一个符合实际的理论依据，同时，进一步深化了中国的国际战略思想，成为毛泽东思想的重要组成部分。

阅读报刊·留心社会时政

如果说书籍是毛泽东生命的支撑点，那么报刊便是点亮他生命的明灯。毛泽东一生高瞻远瞩，始终站在时代潮流最前列，他的战略眼光广阔，努力探索革命真理，从青年时代起就养成关心时事，废寝忘食阅读报纸，潜心研究时局的好习惯。一册册的史书好比凝固了的历史，而每日、每周或每月及时记载时事变化的报纸杂志，则是一本本"活页历史"，一个只钟情于"故纸堆"的人，难免会脱离瞬息万变的现实世界。

毛泽东从学生时代起就养成了每天坚持读报纸杂志的习惯，梁启超主编的《新民丛报》，同盟会主办的《民立报》《民报》、陈独秀主编的《新青年》都给了毛泽东深刻的影响，尤其是《新青年》，对毛泽东的思想转变起了重要的推动作用。毛泽东曾自己主编过一份报纸，这就是著名的《湘江评论》。毛泽东有一句从延安时期流传下来的名言"一天不读报是缺点，三天不读报是错误"。他常说，一个人的知识面要宽一些。宽阔的知识面不但要从书中来，更要从阅读报刊中来。从青少年求学时开始，直到逝世，毛泽东的读报生活从未间断过。学生时代的毛泽东嗜读报刊是为了增进知识，寻求救国救民的真理；而在其后漫长艰苦的战争年代，则是为了革命战争的直接需要，以更加迫切的心情如饥似渴地阅读报刊。他在《中国革命战争的战略问题》中说："为着了解敌人的情况，须从敌人方面的政治、军事、财政和社会舆论等方面搜集材料。"如他一贯的读书习惯，毛泽东阅读报刊时也经常会写一些批注，旁征博引，融会贯通。他还常常在有参考价值的材料上面做记号，供同志们阅读参考。

（一）读报
——求救国济世真理

　　1911年春，毛泽东考入湘乡驻省中学，从韶山冲来到长沙。他在学校第一次看到有新闻、政论及其他各种文章的报纸，觉得世界五彩缤纷、美不胜收，便立即爱上了读报，与报纸的不解之缘由此开始。

　　从同盟会《民立报》上他读到黄兴领导的广州起义和七十二烈士殉难葬于黄花岗的壮烈事迹。在1936年毛泽东还对斯诺谈起："我读以后，极为感动，并发现《民立报》里充满了有刺激性的材料，同时我也知道了孙中山的名字和同盟会的会纲。"于是，读报与吃饭、睡觉一样，成为他每天生活的一部分。同年10月毛泽东离开学校，响应辛亥革命，参加湖南新军当了兵，新军每月饷银七元，除缴两元伙食费和买水之外，几乎剩下的钱全用来买书报看，每天都仔细读报，并关注和认真思考当时的政治时事与社会问题。他说："我成了一个好读报纸的人，当时鼓吹革命的报刊中有《湘江日报》，它经常讨论'社会主义'，我就是从这里第一次知道'社会主义'这个名词。"他又阅读了一些讨论"社会主义"的报刊文章，并写信与同学讨论，这唤起了他对社会主义的极大兴趣，引发了他追求真理的热切希望。

　　1912年秋，从军队和学校出来后，约有半年时间毛泽东寄居在湘乡会馆，每日到湖南省图书馆自修，早上开馆就进去闭馆时才出来，为了多看书，节省时间，他常常自带干粮。他说："我非常认真地坚持执行这个计划。我认为这样度过的半年时间，对我是极有价值的。每天早晨图书馆一开门我就进去。中午只停下来买两块米糕吃。这就

是我每天的午餐。我天天在图书馆读到关门才出来。"① 这期间他读了
大量书籍和报纸，获益不小。1913 年，毛泽东进入湖南第一师范学
校，这里读报的条件比较好，除了广泛读书，阅读报章杂志是毛泽东
的一项最重要事情。凡属重要材料，不论篇幅多长，他总是认真阅读，
做出摘录，不清楚的对照地图、查字典，凡有价值的资料与论述，甚
至中外城市港口、山脉江河等地理名词都抄录下来，在了解分析时事
的基础上，有时还写心得，探索救国救民之道，提出自己的见解。由
于重要的地理位置，当时的湖南成为各派军阀势力争夺的焦点，他在
致信萧子升时感叹说："湘省之祸，比之辛亥为烈也。"他主张青年多
看报纸，了解时事，分析湖南局势。他常说："从天下国家万事万物
而学之。"晚饭后散步时，常与同学进行讨论，还解答同学提出的疑
难问题，为同学分析中国和世界的政治、军事形势。同学送给他雅号
"时事通"，赞誉他"身无半文，心忧天下"。后来，他回忆说："我在
长沙读师范的几年，总共用了 160 块钱，在这笔钱里，想必有三分之
一花在订阅报纸上，因为每月订一份报纸，就是一块钱，我还常常在
书摊上买些书和杂志……我养成了读报的习惯，从 1911 年到 1927 年，
就是在走上井冈山以前，我从没有停止阅读北京、上海和湖南的每日
报纸。"② 而斯诺的注释——当时现代报纸在中国仍是个新鲜事物，许
多人，特别是当官的对之极为厌恶——恰恰折射了毛泽东的远见卓识。

毛泽东读报绝不仅仅是为了解时事，增加见识，而是通过关注和
了解世界动态，为了能对世界大势及时作出反应和科学的分析，预测
国运发展，寻找救国真理。1916 年，他多次致信萧子升，议论时事，
内容非常广泛，既有国内军阀混战和各省政权更替的情况，也有第一
次世界大战的战争进展动态，还有美国总统选举、墨西哥政变、日俄
密约等消息。他还在对各种报纸进行比较分析的基础上，仔细思考提
出日本为我国的劲敌："二十年内，非一战不足以图存"，"愚意吾侪

①　[美]埃德加·斯诺：《西行漫记》，生活·读书·新知三联书店 1979 年版，
第 7 页。

②　李锐：《毛主席的早期革命活动》，湖南人民出版社 1982 年版，第 205 页。

无他事可做，欲完自身以保子孙，止有磨砺以待日本"。① 考虑到国人对日本知之甚少，他劝人们要多看书报，注意时事。

毛泽东对于报刊时事的关注与热忱，与他的老师杨昌济的教导密不可分："人不可一日不看报章杂志。报章杂志乃世界之活历史也，即皆自我之实现也。日日看报，则心目中时时有一社会国家之观念，而忧世爱国之心自愈积而愈厚，且得有种种之常识，积累久之，则深明世故，可以应无穷之变，投其所向而无不如志。此真精神知识之营养，如饮食之不可缺者矣。"②

《新青年》是毛泽东喜爱的报章之一。1917 年，毛泽东所写《体育之研究》在《新青年》刊发。这年在与蔡和森一次夜谈里，毛泽东论及陈独秀："冲决一切现象之罗网，发展其理想之世界，行之以身，著之以书，以真理为归，真理所在，毫不旁顾。前之谭嗣同，今之陈独秀，其人者魄力雄大，诚非今日俗学所可比拟。"③

1918 年 10 月，毛泽东在北京经原湖南第一师范学校老师杨昌济介绍，认识北京大学图书馆主任李大钊，在征得校长蔡元培的同意后，被安排在图书馆当助理员，负责新到报刊和阅览人姓名的登记工作，在这里他尽情阅读了许多传播马克思主义的报刊与书籍，并参加李大钊组织的学生研讨会等各种新思潮活动。

现代媒介，迅速将全球思潮传播到中国各主要城市。这是古老中国所未曾有过的现象，而且，这还不是一种单线条的思想传递。思想在现代媒介里，传播、反馈、互动然后激荡，与传统传播路径判然有别。

毛泽东很早就利用报刊传播新的革命思潮。五四运动以后，全国出现了一个宣传新文化、新思想的新高潮。为了进一步提高群众的思想觉悟，更有力地推动革命运动前进，1919 年，毛泽东在长沙也创办自己主编的《湘江评论》周刊。写了由毛泽东署名的《创刊宣言》，

---

① 中共中央文献研究室、中共湖南省委《毛泽东早期文稿》编辑组编：《毛泽东早期文稿》，湖南出版社 1990 年版，第 51 页。

② 王兴国编：《杨昌济文集》，湖南教育出版社 1983 年版，第 49 页。

③ 陈晋主编：《毛泽东读书笔记解析》，广东人民出版社 1996 年版，第 217 页。

发表了《民众的大联合》等重要文章及各种类型的杂感、述评三十多篇。《民众的大联合》这是《湘江评论》最重要的一篇文章，也是毛泽东为中国革命写的第一篇指导文章。在传播马克思主义和新文化运动方面，毛泽东做了许多工作，其中影响最大和建党有密切关系的是创办了文化书社。稍后胡适在其编辑的《每周评论》上发表其所写《介绍新出版物》："现在我们特别介绍我们新添的两个小兄弟。一个是长沙的《湘江评论》，一个是成都的《星期日》。《湘江评论》的长处是在议论的一个方面。第二、三、四期的《民众大联合》一篇大文章，眼光很远大，议论也很痛快，确是现今的重要文字。"1920年7月31日，由毛泽东草拟的在长沙报纸上刊出的《发起文化书社的缘起》，共143字。目的一是介绍、推广新书报之责，二是组织"读书会"，大家"共同研究"。在毛泽东的具体领导下，文化书社不仅起到了传播新思想、新文化的作用，而且还起到了组织广大读者学习新思想、新文化的作用。

　　报纸的特点是发行量大、覆盖面广、报道及时、深入民众。报纸上刊登广告是用得较广泛和较好的宣传形式之一。毛泽东很早就利用报纸刊登广告，1915年秋，他发出有名的"二十八画征友启事"（"毛泽东"三字的繁体共二十八画），"在长沙一家报纸上登了一个广告，邀请有志于爱国工作的青年同我联系"。果然，"我从这个广告得到三个半人响应"。并逐渐地团结了一批学生，这批学生形成后来的新民学会，谁又能够相信，这个学会之后会对中国的事情和命运产生那样深远的影响。

　　青年时期起，毛泽东不但注意阅读报纸、分析报纸，更注意利用报纸这个强有力的工具宣传重大事件。1919年11月14日，长沙青年女子赵五贞因包办婚姻在花轿中自杀。毛泽东认为这个惨案是万恶的封建社会造成的重大事件。事发第三天，长沙《大公报》即刊出他写的评论赵女士自杀的文章，他同时号召大家来讨论这个问题。关于这个事件，毛泽东在13天之内在长沙《大公报》发表了共9篇文章。长沙各报都展开了对这个事件的讨论，成为一次反封建制度的大进攻。又如第一次国共合作时期，毛泽东利用报刊宣传反击破坏国共合作的阴谋。1925 年 11 月下旬，国民党右派邹鲁等在北京西山碧云寺非法召开所谓"一届四中全会"，通过了"取消共产党员在本党党籍案"，"开除中央执行委员会李大钊等通电"等一系列反共议案，公开反对孙中山的三大政策，形成"西山会议派"。会后又进行一系列旨在破坏国共合作的政治活动。这是一个严重危害国民革命前途的重大事件。毛泽东通过《政治周报》大张旗鼓反击，他本人在《政治周报》《广州民国日报》《中国青年》等报刊上连续发表文章揭露右派。毛泽东还将广东、上海、北京等地党部及个人反对西山会议的文电汇总起来，在《政治周报》上连续发表表明全国各行各业各界人士的政治态度的文章，从而将反对右派的空气推向了高潮，增强了革命的信心。

为了更好地发挥报刊宣传作用，毛泽东十分注意报刊动态。毛泽东任国民党中央代理宣传部长期间（1925 年 10 月至 1926 年 5 月），为了使宣传部对全国的宣传做到心中有数，更好地利用报刊宣传，他要求调查国内外的中文日报及各种定期刊物，调查外文的定期刊物，包括内容、发行量和读者对象等。毛泽东说："无论哪一种报纸或书籍，只要他有销路，我们就应该注意为什么这一种书有人看？看这一种书是些什么人？这种书在社会上将发生一些什么影响？"（埃德加·斯诺：《毛泽东印象记》）这样做就一个目的，即对全国的宣传动向了如指掌，从而掌握宣传工作的主动权。为了做到这一点，毛泽东自己也十分注意看报。据宣传部工作人员回忆说：他常常是报纸不离手，一有机会就是看报，"每天，我看他总要看几十种报"（埃德加·斯诺：《毛泽东印象记》）。历史学家周谷城回忆说："毛泽东很有本事，不用几个星期，就可把全中国的报纸摸的烂熟，哪一张报纸是革命的，哪一张报纸是中间派，哪一张报纸是反动的，清清楚楚的。"（1988 年 1 月周谷城访问录）

毛泽东爱看报，主要就是为了通过报纸了解信息和各种情况，也是他调查研究的一个重要方法。

（二）读报

—— 定克敌制胜方略

在革命战争时期，无论是在井冈山时期，还是转战南北的游击战争和长征时期，尽管环境险恶，局势动荡，毛泽东读报兴趣有增无减，报刊是他了解和掌握各方面信息、获取重要情报的重要途径，也是对敌斗争决策的参考。

在井冈山艰苦的斗争中，毛泽东通过读报，发现敌人的报道虚假、夸大，准确分析和判断出敌人的动向和意图，所面临的形势和发展趋势，制定出红军的战略和策略。指挥红军屡获胜利，在哈达铺确定了长征的目的地后，又为选定"最后一个农村指挥所"指引了正确方向。

1928年至1929年，国民党反动派对根据地实施严密封锁，红军坚守井冈山，消息闭塞，读报十分困难。然而，战争年代环境艰苦，形势险恶，知己知彼方能取得战争的胜利，读报是了解敌情的一个重要渠道。那时毛泽东常常为看不到报纸而焦急苦恼。正是从贺子珍的拼凑的几片包盐巴的破《申报》上，1927年毛泽东知道了蒋介石和宋美龄结婚的消息，掌握了敌人在井冈山周围的兵力部署，获得了方鼎英正带领着国民党的部队开进茶陵的重要军事情报，及时粉碎了革命军中陈浩等人企图拉队伍投靠方鼎英的阴谋，使秋收起义仅存下来的这支工农革命武装幸免于难。

为了获得报纸，红军每次下山打土豪、筹款时，都会有一个额外的任务：到国民党机关或邮局里搜罗一批报纸，带上山。1928年，毛泽东有一次还专门派了一个营去打大军阀谭延闿家乡高陇，收罗一批报纸上山，战斗中还牺牲了一些干部和战士。但土豪不能天天打，红军也不能天天下山。为了替毛泽东搜集更多的报纸，贺子珍想方设法和一些偷偷越过敌人封锁线的小商贩取得联系，请他们顺道带报纸，出钱买。另外，白区工作的同志代为搜集也是获得报纸的一条途径。

1929 年 11 月 28 日，毛泽东在福建汀州给中共中央写信："唯党员理论常识太低，须赶急进行教育，除请中央将党内出版物（《布报》《红旗》《列宁主义概论》《俄国革命运动史》等，我们一点儿都未得到）寄来外，另请购书一批。""我们望得书报如饥似渴，务请勿以事小弃之。"① 还附一封信给李立三："我知识饥荒到十分，请你时常寄书报给我。"1929 年，傅连暲利用自己的合法身份，在汀州订了上海的《申报》《新闻报》，广东的《工商日报》《超然报》，派人定期送给毛泽东，受到他的称赞。

　　战争中，许多重要决策都是毛泽东将报纸上的信息综合分析后做出的，这些重要决策指导着中国革命从一个胜利走向另一个胜利。1929 年 1 月，毛泽东和朱德率领红军主力下井冈山，在向赣南、闽西进军的途中，遭遇国民党刘士毅的追兵，部队一直处于连续作战、日夜行军的艰苦环境中，长期没有报纸可读，对外界情况知道甚少。用毛泽东自己的话说是"两眼漆黑"。毛泽东决定派宋裕和带一个连到瑞金县城弄报纸，以判明尾追敌人和瑞金城内敌人的动向，制订下一步的作战计划。整个战斗进行得非常顺利，缴获了一批白区的报纸以及许多新版图书。结果弄到了一批《国民日报》《中央日报》和广东、上海、福建、江西的地方报纸。毛泽东兴奋地说："抢来这么多报纸，收获不小哇！"他分析报纸，掌握了关于敌人的实力、动向和企图的情报，与朱德、陈毅商议利用大柏地的有利地形，攻打尾追之敌刘士毅部，取得了著名的大柏地之战的胜利。

　　1929 年，到了赣南闽西，情况大为改善。毛泽东的高兴心情，可以从当时红四军前委给中央的一个报告中看出来："在湘赣边界时，因敌人的封锁，曾二三个月看不到报纸。去年九月以后可以到吉安、长沙买报了，然亦得到很难。到赣南闽西以来，邮路极便，天天可以看到南京、上海、福州、厦门、漳州、南昌、赣州的报纸，到瑞金且可看到何键的机关报长沙《民国日报》，真是拨云雾见青天，快乐

<hr />

① 中共中央文献研究室编：《毛泽东书信选集》，人民出版社 1983 年版，第 27 页。

真不可名状。"①

1932 年 4 月，毛泽东率红军打下福建漳州，收集到一批马列的书籍和一些报纸。他把从这批报纸各条新闻中提出有用的情报分成中日战争、中苏关系、国民党对付红军的策略、国民党内部分裂情况等若干个方面，并及时电告苏区中央。

长征开始后，通过收集报纸，了解情报，分析形势，确定红军的行军路线显得更为重要。根据聂荣臻、彭德怀、杨成武等人的回忆，红军长征落脚于陕北这一重大决策的形成，便得益于哈达铺发现的天津《大公报》等。中共中央到达哈达铺之前并不知陕北有根据地和正规红军。1935 年 9 月 21 日，红军长征到达哈达铺。毛泽东不顾长途跋涉的疲劳，先到邮政代办所取走了所有能找到的多种全国的和地方的报纸，然后到了宿营地同中央其他负责人翻阅报纸，查找消息。据当时《晋阳日报》报道，陕北有红军 5 万余人。《大公报》也报道：关于农村"赤化"问题，陕北甚于陕南。还报道陕北红军完全占领者有 5 县城，为延安、延长、保安、安塞等，靖边一度为红军所占。毛泽东一边翻阅报纸，一边把有用的消息勾下来。正在这时，聂荣臻通讯员也送来一份刊载着阎锡山正在进攻陕北红军刘志丹消息的《山西日报》。同时，叶剑英在驻地也搞到一张报纸，报道"国军"进攻陕北刘志丹所领导的红军的新闻。毛泽东、周恩来、彭德怀等人通过分析报纸透露的消息，确切知道了陕北有刘志丹领导的红军，并且徐海东的 25 军也在那里。毛泽东认为，陕北地域辽阔，群众生活艰苦，又是穷乡僻壤，还有几万红军，是中央红军长征落脚的好地方。他们几个人经过初步讨论研究后，决定把长征落脚点放在陕北。9 月 22 日上午，毛泽东在驻地召开了中央负责人会议。会议经过讨论，中央正式决定到陕北去。这一决策，为确立中央红军长征的落脚点，把中国革命的大本营建立在陕北奠定了基础。从某种意义上也可以说，几份报纸决定了中央红军的去向。

到了延安革命根据地后，毛泽东除积极创办党中央机关报和其他

---

① 《毛泽东文集》第 1 卷，人民出版社 1993 年版，第 61—62 页。

报纸外，还不断通知白区的办事处和地下党组织，为他搜集报刊书籍。仅从 1936 年至 1942 年不完全统计，发出购买书报杂志的信电，至少有 14 封（次）之多。如 1941 年 3 月 1 日，毛泽东给在重庆的周恩来、董必武去电，"自 3 月 1 日起，请代订下列日报各一份：中央日报、扫荡报、新蜀报、新民报、时事新报、新中国日报、华光日报、国家社会报及云南各种报纸"。就在这个时期，毛泽东留下一句名言："一天不读报是缺点，三天不读报是错误。"

毛泽东读报纸，不仅善于了解和掌握国际国内形势的最新动向，还善于以他独到的慧眼发现人才。1942 年 1 月 8 日，田家英在延安《解放日报》上发表了《从侯方域说起》一文。毛泽东读后，颇为赞赏。虽说杂文只有千余字，却可以看出作者的文史功底不浅。侯方域是明末的"四公子"之一，入清后参加河南乡试，中副榜，曾向清总督出谋献策。田家英对这个"生长在离乱年间的书生"，作了犀利的解剖，从开始"太悲凉了"印象演绎为"这个人还有血性热情不作'摇身一变'才行"。只千余字的杂文，文笔深沉老辣！当毛泽东听说作者田家英的大概情况后，特地把他找去谈了一次话。鼓励他给"大后方"因看不见国家前途消极悲观、空虚颓废的人抽一鞭子。当需要为从苏联回来的毛岸英请一位老师时，毛泽东立刻想到了田家英。解放战争时期，毛泽东的工作非常忙，需要增加新的秘书。田家英经过毛泽东"面试"时，当场为毛泽东草拟了一份电文，结果获得毛泽东的首肯，于是调为秘书。毛泽东曾说"家英是个人才"，这个担任毛泽东秘书长达 18 年之久的人才，原来是毛泽东读报时从报纸上发现和挖掘出来的。

抗日战争时期，在敌人的严密封锁环境中毛泽东通过各种渠道收集国内外各种资料，甚至包括日本的重要报纸《朝日新闻》，研究国际反法西斯力量的动向。曾收集了 40 多种国内报纸，按 16 国名目分类。1944 年，美国派驻延安的美军观察组组长包瑞德，在延安看到《朝日新闻》，非常惊讶。抗日战争时期，延安处于相对稳定的环境，国民党统治区出版的报纸刊物比较容易收集到，毛泽东订阅的报刊多起来了。根据 20 世纪 40 年代初期为毛泽东管理图书的史敬棠回忆，毛泽东当时订阅的报纸有：《中央日报》《扫荡报》《大公报》等18种。刊物有：《世界知识》《群众》等21种。1941年3月1日，毛泽东致电周恩来、董必武，请他们订阅一批报纸书刊，除上述目录以外，还有《四川经济参考资料》《贵州经济》《日本对支经济工作》《列强军事实力》《中外经济年报》《中外经济拔萃》。

解放战争打响后，毛泽东仍然重视以敌人的报刊资料作为对敌斗争的决策参考。1948年5月，毛泽东曾指出："凡是敌占区的报纸，大报小报都要，什么《世界日报》《盖世报》《本明日报》《华北日报》《新民报》等等，能买多少就买多少，送给中央研究。"毛泽东通过分析、研究，从中挖掘出有价值的情报，对敌我友三方了如指掌，制定正确的决策，能够在战争中战必胜，攻必克。

1947年3月31日，刘少奇和朱德受命带领中央工委去寻找新的中共中央落脚点，做最后决战的指挥部，它关系到中国共产党与中国革命的前途和命运。报纸，铸就了西柏坡这个曾经默默无闻的村庄在我党历史上的极其不平凡的辉煌。抗日战争中，《新华日报》发表了一篇长篇通讯《一个不平凡的县》详细报道了平山县抗日游击队和"平山团"的英雄事迹，白毛女的故乡驰名全国。大革命时期平山县就有了各级党组织，曾一度被称作"北方的兴国"（意思是"革命老区"），红军游击队活动频繁，曾有力策应了红军北上抗日及东渡黄河。也受到毛泽东的青睐，经晋察冀军区司令员聂荣臻的推荐，刘少奇、朱德多次派人前往平山县西柏坡调查，西柏坡位于平山县中部，滹沱河北岸，正好在华北平原和太行山交会处，能进能退，进可通向全国各大城市，退可固守太行山，群众基础也不错，人口稠密、土地肥沃、环境幽静、风景优美。1947年7月初，刘少奇、朱德率中央工委进驻西柏坡。1948年5月，毛泽东率中共中央和解放军总部也移驻西柏坡。于是，毛泽东和党中央最终选定西柏坡作为解放全中国前的最后一个农村指挥所，在这里召开过党的七届二中全会，运筹了三大战役的作战部署。至此，毛泽东在报纸上了解的平山县西柏坡，最终站在了历史的前台。

正是毛泽东坚持读报为中国革命获取了许多重要信息，并在此基础上加以综合分析，在中国革命的几个重大关头"拨云见日"，做出了正确的战略决策，促成了革命的最终胜利。

（三）读报
——得治国理政良策

报纸是社会生活的窗口，涉及政治、经济、文化、军事、历史和现实，甚至预告未来，可以算作一个大百科全书，广博涉猎，能够开阔一个人的视野，锻炼思维，毛泽东自己爱看报，也常常教育大家多看报、多读书。1957 年 10 月 2 日，他在给秘书林克的信中说："钻到看书看报看刊物中去，广收博览，于你我都有益。"读到一篇好文章，他经常会废寝忘食，兴奋地一口气读完。有些好文章、好新闻和重要文章、重要新闻，不仅及时批给其他中央同志和有关同志传阅，而且还立即通知各报转载，广为传播。在当今突飞猛进的信息时代，毛泽东通过读报开展学习、辅助工作的方法对我们有更深的启示。

全国解放后，毛泽东阅读的报纸杂志数量更多了，范围更宽了，不只是哲学和社会科学的，还有文学的、自然科学的。上至天文，下至地理，以至于讲琴棋书画之类的报刊文章，都在他涉猎之列。他每年订阅的报刊，包括报社、出版社赠送的，都在百种以上。从 1958 年起，他又增订了全国各主要高等院校出版的综合性的学报或社会科学方面的学报。

毛泽东阅读报刊是有所侧重的。每天必读的报纸有《光明日报》《人民日报》《文汇报》《大公报》《解放军报》《工人日报》《中国青年报》、上海《解放日报》《天津日报》和《参考消息》等。经常看的杂志主要有：《哲学研究》《历史研究》《新建设》《文史哲》《经济研究》《红旗》《学术月刊》《文艺报》《诗刊》《文物》《科学画报》《大众科学》以及《自然辩证法研究通讯》《现代佛学》等，有时还翻阅中国科学院出版的某些刊物。据当时曾专为他管理书报杂志的工作人员逄先知回忆说："大概是 1951 年，有几次因为没有把当天收到的报纸及时送阅，毛泽东不高兴了，说：'我是要看新闻，不是要看旧闻'。"毛泽东最喜欢读的是有关哲学、历史、中国古典文学的文章，所以对《光明日报》的《文学遗产》《哲学》《史学》等专栏特别有兴趣；而对《人民日报》在一个时期比较缺少理论文章和学术文章提出过意见。1964年，他说过："《人民日报》要注意发表学术性文章，发表历史、哲学和其他的学术文章。"又说："《人民日报》要搞理论工作，不能只搞政治。《人民日报》最近组织一些学术讨论，这样做好。"① 后来《人民日报》加强了理论方面的内容，得到毛泽东的称赞，他说："现在，《人民日报》有看头了，理论上加强了，也有一些有意思的东西。"毛泽东对报刊上有争论的问题尤为关注。1958年以来，我国哲学界开展了关于矛盾的同一性与斗争性、思维与存在有没有统一性的问题的讨论。凡属这方面的重要报刊文章，毛泽东几乎都要看。有时他还召集有关专家和人员共聚一堂，进行自由地、无拘束地交谈和讨论。1958年6月24日他曾邀集一些同志谈论发表在1956年第2期《哲学研究》的《对"矛盾的统一性"的一点意见》一文，该文对苏联《简明哲学辞典》关于同一性的解释提出不同意见。1960年11月12日，毛泽东看到当天《人民日报》登载的一篇关于矛盾的同一性和斗争性的讨论的综合介绍，当即要身边工作人员把文中提到的分别刊登在《新建设》《光明日报》《学术月刊》《文汇报》上的几篇不同观点的文章全部找给他。

同阅读书籍一样，毛泽东阅读报刊也常常写一些批注，发表自己的见解，有的还批给别人看。例如，1959年12月27日《光明日报》文学遗产专栏里发表了《如何评价〈文赋〉》一文。作者对陆机《文赋》的价值和在文学批评史上的进步意义，作了比较充分的肯定，不同意相反的观点。毛泽东将此文批给一些同志看，并说这是"一篇好文章"。

毛泽东还注意根据报刊文章中的合理意见，纠正工作中的缺点和错误。1958年全国掀起了除四害（老鼠、麻雀、苍蝇、蚊子）运动。对于应不应该消灭麻雀，科学界有不同的意见。有的赞成，认为利大

---

① 《毛泽东新闻工作文选》，新华出版社1983年版，第217—218页。

于弊；有的不赞成，认为弊大于利；有的认为利弊相当，大家对这个问题展开了讨论，各抒己见。毛泽东知道了这个情况，要工作人员把各种不同观点的文章收集起来送给他。送去文章时，工作人员还整理了一份简单材料附上。毛泽东仔细看了这些材料。1960 年 3 月 16 日，他在为中共中央起草的关于卫生工作的指示中改变了消灭麻雀的决定，提出"麻雀不打了，代之臭虫，口号是'除掉老鼠、臭虫、苍蝇、蚊子'"。接着，3 月 24 日他在天津会议上重申了这个改变，说："这两年麻雀遭殃，现在我提议给麻雀恢复'党籍'。"报刊上科学界的意见，对毛泽东作出这个决定，起了重要作用。

毛泽东把报刊作为了解国内情况和学术理论动态的重要渠道，同时也通过报刊了解国际情况和国际知识。一天几万字的《参考资料》是他每日必看的重要刊物，像读书一样地圈点批画。毛泽东十分重视这个内部刊物，是他制定国际战略和对外政策的重要参考材料之一。一些非常重要的内容，他常常批给别人去看或印发会议。

毛泽东主张阅读报刊要独立思考，要有分析、有见解。毛泽东叮嘱他的保健医生王鹤滨说："王医生，我的工作很忙，没有时间看《参考消息》，你去看看，看过之后，再给我讲讲。"从这天之后，王鹤滨就开始注意《参考消息》了。王鹤滨看到《参考消息》上有重要的国际新闻，便抓住机会，在毛泽东面前读。毛泽东轻声对王鹤滨说："不是你这个办法。你要好好地看上它几个月，到时候，你就会对形势产生一些看法，也就有了观点。到了那个时候，你再向我报告你对时局、形势的看法。"接着，毛泽东又进一步指示说："你可以订些香港的报纸，不管是什么观点的，拿来作参考，钱可以从我的稿费中出。"王鹤滨才明白，这是毛泽东让他从《参考消息》中，从各种不同的政治观点中，从纷繁的事物现象中，抽出决定事物发展的因素，以锻炼预计事物发展趋势的观察思考力，从而通过读报来训练自己的政治头脑。

毛泽东曾对在中国人民大学哲学系工作的王方名说："领导革命必须实事求是、独立思考；搞科学研究，也必须实事求是、独立思考。

千万不能把自己的脑袋长在别人的脖子上。"① 毛泽东阅读报刊的显著特点就是独立思考，因而在分析综合各种问题时都有独立的见解，不受任何干扰。1957 年，毛泽东《在省市自治区党委书记会议上的讲话》中说："现在，我们决定扩大发行《参考消息》，从两千份扩大到 40 万份，使党内党外都能看到。这是共产党替帝国主义出版报纸，连那些骂我们的反动言论也登。为什么要这样做呢？目的就是把毒草，把非马克思主义和反马克思主义的东西，摆在我们同志面前，摆在人民群众和民主人士面前，让他们受到锻炼。不要封锁起来，封锁起来反而危险。这一条我们跟苏联的做法不同，为什么要种牛痘？就是人为地把一种病毒放到人体里面去，实行'细菌战'，跟你作斗争，使你的身体里头产生一种免疫力。发行《参考消息》以及出版其他反面教材，就是'种牛痘'，增强干部和群众在政治上的免疫力。"

毛泽东用"种牛痘增强免疫力"，来通俗形象地阐述读报刊要善于独立思考，善于比较分析，从而增强自己分辨是非的能力。

如果说博览古典史籍是毛泽东从纵向了解中国过去的话，那么坚持读报章杂志则可以说是他从横向了解中国的现状，这样就从纵横两个维度，使毛泽东对中国的古往今来，对中国的基本国情洞然于胸。毛泽东对中国的了解不论是深度还是广度，都是无人可及的。至于他"眼底六洲风雨"，对世界大势洞若观火，则更是他数十载如一日地坚持阅读大量报章杂志的结果。古语云："秀才不出门，能知天下事。"在今日，如果一位"秀才"想足不出户就能对天下事了然于胸，就必须向毛泽东学习，坚持阅读报章杂志这一"活页历史"。

---

① 《毛泽东说：千万不能把自己的脑袋长在别人的脖子上》，《毛泽东思想研究》1995 年第 4 期，第 146—147 页。

参考书目

龚育之、逄先知、石仲泉：《毛泽东的读书生活》，生活·读书·新知
　三联书店 1986 年版。

陈晋：《读毛泽东札记》，生活·读书·新知三联书店 2009 年版。

陈晋主编：《毛泽东读书笔记解析》，广东人民出版社 1996 年版。

王子今：《历史学者毛泽东》，西苑出版社 2013 年版。

邓力群主编：《毛泽东读史》，中央民族大学出版社 2004 年版。

薛泽石：《跟毛泽东学史》，红旗出版社 2007 年版。

唐矴编著：《（伟人风范丛书）毛泽东与读书学习》，中央文献出版社
　2004 年版。

张贻玖：《毛泽东读史》，当代中国出版社 2005 年版。

《缅怀毛泽东》编辑组：《缅怀毛泽东》，中央文献出版社 1993 年版。

江东然编著：《博览群书的毛泽东》，吉林人民出版社 1993 年版。

范忠程主编：《博览群书的毛泽东》，湖南出版社 1993 年版。

卢志丹：《毛泽东品国学》，新世界出版社 2009 年版。

黄丽镛：《毛泽东读古书实录》，人民出版社 2012 年版。

董志新：《毛泽东读〈红楼梦〉》，万卷出版公司 2009 年版。

盛巽昌编著：《毛泽东与三国演义》，广西人民出版社 1997 年版。

徐中远：《毛泽东是怎样读二十四史的》，中央文献出版社 2012 年版。

徐中远：《毛泽东晚年读书纪实》，中央文献出版社 2012 年版。

孙宝义编：《毛泽东的读书生涯》，知识出版社 1993 年版。

孙宝义、刘春增、邹桂兰编著：《向毛泽东学读书》，台海出版社 2011
年版。

孙宝义等：《毛泽东谈读书学习》，中央文献出版社 2008 年版。

徐文钦：《毛泽东读书治国》，中央文献出版社 2008 年版。

董志新：《毛泽东读〈水浒传〉》，上海人民出版社 2005 年版。

张万青、樊建科编著：《勤于学习的毛泽东》，中央文献出版社 2007
年版。

尹高朝编：《毛泽东和他的二十四位老师》，中央文献出版社 2001
年版。

阿古拉泰编：《一百个名人眼里的毛泽东》，青岛出版社 1993 年版。

周溯源编著：《毛泽东评点古今人物》，红旗出版社 1998 年版。

后　记

　　本书由中国社会科学网总编辑、历史学博士周溯源编审策划，提出主旨、基本框架、基本论点、写作要求和原则，推荐参考资料，负责统稿审改。本书前言、第五章"研习军事·夯筑事业根基"部分、第七章"放眼国际·拓宽视野格局"部分，由刘宇执笔；第一章"服膺马列·树立革命信仰"部分、第二章"问道哲学·探求世界本源"、第八章"阅读报刊·留心社会时政"部分，由王海廷执笔；第三章"鉴赏文学·遨游经典宝库"、第四章"品读史著·汲取智慧灵感"、第六章"重视经济·探索发展道路"部分，由翟金懿执笔。陈智愚研究员审阅了初稿，提出了宝贵的修改意见。在此表示真挚的谢忱！

　　由于作者水平所限，书中难免有不当或疏漏之处，敬请读者批评指正。

编著者

2013 年 9 月